JN419076

피정 간다

시작시인선 0547 피정 간다

1판 1쇄 펴낸날 2025년 10월 1일

지은이 김기숙
펴낸이 이재무
기획위원 김춘식, 유성호, 이형권, 임지연, 차성환, 홍용희
편집 이호석, 박현승
편집디자인 김지웅, 장수경
펴낸곳 (주)천년의시작
등록번호 제301-2012-033호
등록일자 2006년 1월 10일
주소 (03132) 서울시 종로구 삼일대로32길 36 운현신화타워 502호
전화 02-723-8668
팩스 02-723-8630
블로그 blog.naver.com/poemsijak
이메일 poemsijak@hanmail.net

ⓒ김기숙, 2025, printed in Seoul, Korea

ISBN 978-89-6021-825-3 04810
      978-89-6021-069-1 (세트)

값 11,000원

피정 간다

김기숙

천년의 시작

시인의 말

실패하기 위해
이 길을 걸어왔고
실패하기 위해
'지금 여기'를 걸어가고 있다
실패의 흔적을 꿰어보니
한 권의 시집이 되었다

엉클어진 실타래의
실마리를 찾느라
자주 손을 놓은
딸에게 미안할 뿐이다

2025년 가을

차 례

시인의 말

제1부

제2부

제3부

해 설

제1부

푸른 손가락

복도식 아파트에서 아래를 내려다봤다 유치원 승합차가 노랗게 멈췄다 젊은 여자가 유모차를 끌고 다가갔다 저 아래는 다른 세상 같아 꿈을 꿀 수 있는 곳으로 내려갈 수 있다면 몸이 쏠리는 걸 느꼈다 화단엔 수국이 보랏빛 공기처럼 떠 있었다 엘리베이터가 열렸다 노란 가방을 멘 아이가 달려왔다 14층 복도 난간을 움켜쥐었던 손가락이 아이에게 뻗어갔다

베란다를 확장한 거실 문을 열면 그대로 밖이었다 아파트는 꿈꾸지 않아 창밖을 흐리게 내다볼 수는 있어 남학생 한 명이 체육관 계단 아래로 기어들었다 엄지와 검지에 푸른 연기가 묻어 있다 정원의 단풍나무 잎사귀가 손을 펼쳤다 이쪽 동에 매일 창밖을 내다보는 여자가 있어 창살을 움켜쥔 손가락에서 푸른 물이 떨어졌다 단풍나무 잎사귀 하나가 공중을 맴돌았다

어느 동에서 손가락이 풀렸다 한다
아파트 사람들은 이빨을 드러냈다 쉬쉬하면서
아파트 창살마다 푸른 손가락이 파르르 떨렸다

데미안

겨드랑이 솔기가 뜯어졌다 수선집 아주머니가 옷을 걸며 물었다 원피스 입고 막노동하나요? 양쪽에서 팔을 잡아당겨요 한쪽으로 끌려가지 않으려고 발버둥쳤다 이두박근이 파열된 것 같은 통증이었다

몸뚱이가 찢어지게 잡아당겨 보라고 돌진했다 방바닥에 카디건을 벗어던지고 가슴을 들이댔다 어쩔 건데, 왼쪽으로 잡아당기던 네가 빤히 쳐다봤다 울지도 웃지도 못하는 표정이었다 감당할 수 있어, 창피해서 뒷걸음치다가 커튼 자락으로 얼굴을 가렸다

알을 깨고 나가려고 했는데 다시 알 속이야
커튼 뒤에 주저앉아 중얼거렸다

벽에 걸린 원피스를 뚫어지라고 바라봤다 수선집 아주머니가 옷을 건넸다 심을 넣어 양어깨 균형을 맞췄어요 두 번 시침질해서 뜯어질 일이 없을 거예요 뜯어질 일이 없다고? 원피스를 둘둘 말아 종이봉투에 담았다 데미안 상표가 반쯤 지워져 있었다

성당에 가면 한 사람이 양팔을 벌리고
벽에 매달려 있다 어느 쪽으로도 기울지 않았는데
그 이유는 양손에 대못을 박았기 때문이다

미미 인형

양로원 노인들이 아이 같은 건 진즉 알았다
보육원 아이들이 노인 같은 건 이번에 알았다

큰아이가 수녀 무릎에 앉아 있었다 젊은 수녀 자세가 불편해 보였다 나도 모르게 다가앉았다

내가 아이를 볼 테니 편하게 먹어요 아이가 낯을 가려요 아이 어르는데 선수라니까요 젊은 수녀는 아이를 내려놓지 않았다

보육원에 언제 왔냐고 수녀에게 물었다 육 개월 됐어요 육 개월 된 수녀 엄마였다

너덧 살 아이는 아무 데나 드러눕는다 '싫어'를 밥풀처럼 뱉는다 보육원 아이들은 순둥이였다 앉은뱅이 식탁에서 풀죽은 듯 밥을 먹었다

손으로 반찬 집어 먹는 아이도 국을 엎고 울음 터트리는 아이도 고추를 붙잡고 동동거리는 아이도 없었다 나는 정돈된 환경이 소름 끼쳐 손가방을 집어 들었다

여기가 아이들 천국이라고? 천국에서 도망치고 싶었다

휴대폰이 울렸다 엄마 점심 안 주고 어디 갔어 짜증이 난 딸아이 목소리 너덧 살엔 이마트 바닥을 뒹굴었다 딸아이 손에 미미 인형이 들렸다

눈치도 예의도 모르는 지옥으로 들어가자 보육원 마당을 총총 지나갔다 사십 명 아이들 사는 곳이 절간보다 더 조용했다

피정 3

1
밥은 잘 먹고 잠은 잘 자나요?
지도 신부가 물었다
똥도 잘 싸요
순간 신부 얼굴이 붉으락푸르락
자매는 통합이 안 됐어요
네?

어른답질 못하지요
딸도 엄마가 자기 또래 같대요

2
신부님이 도끼눈으로 쳐다보니
자꾸 눈을 감게 돼요
도끼눈?
영성 지도 이십 년에 이런 소리 처음 듣네
다리를 꼬았다 풀며 신부가 말했다

둘째 날도 영성하고 거리가 먼
엉성한 얘기만 주고받았다

3
다음 날 신부가 또 물었다
밥은 잘 먹고 잠은 잘 자나요
씩 웃고
잘 먹고 잘 잔다고 말했다
신부가 누그러진 목소리로
자매는 말이 거칠다고 했다
?

시를 배우고 있어요
시 선생이 종교적이라 시가 안 는대요
삐딱한 구석 하나 갖고 싶은가 봐요

내가 날것의 말 쓰려는 이유를
나도 이제 알았다

4
다음 면담 때는 의자에 털썩 앉았다
그게 학생 태도입니까

저는 이런 과가 아닙니다
다리를 다소곳이 오므리려다가 말았다
태도에서 마음이 드러난다고 신부가 말했다

신부님한테 잘 보이고 싶을 때가 있었어요
지금은 아녜요

면담이 엉망진창으로 끝났다

5
시를 쓰겠다는 사람이 술도 못 마시고
바른 생활 어린이 과에
죽어라 열심히는 하니 B는 쓰겠네요

시 선생 말이 종양처럼 달렸는데
시에서 벗어나 들어앉은 수도원에서
영성 지도 신부하고 시시콜콜한 얘기만 하다가
피정을 마쳤다

종양은 아예 손도 대지 못했다

몸

몸이 세게 얻어터졌다 눈이 충혈되고 이마 한가운데 물집이 부풀어 올랐다 면역력이 빵일 때 대상포진이 와요 의사 말에 마음을 끄덕였다 몸을 가죽 취급했다 살가죽이 터지니 어때? 마음먹은 대로 일을 했다 낮에는 주간보호 인테리어 공사 현장을 지켰고 꿈에서는 일의 공정을 헤아렸다 몸이 방바닥에서 허물을 벗고 있었다 꼼짝 못 한 지가 한 달이군 먼지가 소파 위 옷가지로 매가리 없이 떨어졌다 난은 꽃대 없이 돌멩이 터전을 견뎠다 땅을 짚었으면 일어나야지 난 뿌리 하나가 돌멩이를 뚫고 꿈틀거렸다 이 집은 나만 빼고 다 살아 있어 크레인에서 땅으로 내리던 간판 작업자가 예언자처럼 말했다 곧 쓰러질 얼굴이에요 아무렇게나 취급했던 팔다리를 내려다봤다 몸이 살아 있어야 사람이야 영혼으로 살려고 발버둥 친 게 아니라고 목구멍도 숨구멍도 몸이었다

제상 매뉴얼

조기 등에 칼집을 내고 빨간 실고추 고명을 얹어 자작하
게 끓이고
대파 소고기 버섯 게맛살 그리고 끝은 대파를 다시 꿰어
모양내고
물 행주질 후 마른행주로 한 번 더 닦아 제기를 준비하고

엄마는 육십 년간 제상을 차렸다 늦은 저녁을 차리는 것
처럼 쉬워 보였다 십 년 전부터는 아버지 제상까지 차렸다

엄마의 첫 제사가 다가왔다 가족 단톡방이 불 조절을 잘
못한 프라이팬처럼 뜨거웠다 제삿날을 놓고 날 세우는 두
아들 음력이든 양력이든 날 새기 전 지냅시다

큰며느리는 딸을 낳고 이혼했다 제 몫이 아니잖아요 앞가
림이 똑 부러지는 작은 며느리 막 대학 나온 손녀딸이 상차
림을 인터넷으로 예약하잖다 나는 단톡방을 빠져나와

잿빛 노트에 '엄마 제사'라고 적었다
제기는 친정집 안방 제기함 제상에는 대추 밤 곶감 배 사
과 과줄 다식 북어포 향 청주(살 짓) 무나물 산적 조기탕 국

밥(만들 것)

　글자들이 떠도는 영혼처럼 흐리게 보였다 엄마는 제사를
준비하며 잘 보라고 말했다 제상 차릴 일은 없을 걸 나는 보
는 둥 마는 둥 일을 거들었다

　엄마 목소리가 다시 귓전에 들렸다 언성은 생전처럼 높
지도 낮지도 않았다 시집에서도 음식이나 나르는 막내며느
리라고 나는 입을 댓 발 내밀었다

　육십 년 손에 익힌 기술을 전수하려고 눈 부릅뜬 엄마 제
상 다리가 무겁다는 내 말엔 대꾸 한마디 없었다

연습생

믿음 가는 시인이 이렇게 썼다 문학과 종교는 스치듯 만나야 한다 종교에 잠긴 나는 어떡하나 어떤 시인은 대놓고 말했다 죽어라 해봐야 B일 걸요 그래서 나는 죽어라 시를 썼다 몇 해가 지났다 남편이 의아하게 물었다 이쪽은 밑도 끝도 없나 봐 신학원에서 만난 사람답지 않았다 이 판은 잡히는 거라도 있다 그 판은 보이지도 않는 거에 목숨을 건다 습작 시에 번호를 달았다 이백 번이 넘어가면서 달지 않았다 이백 번 실패했고 이백 번 희망했던 마음이 손끝에 묻었다

믿음 가는 시인 책을 계속 읽었다 스치듯 만나는 거와 더 멀어졌다 나는 한판 붙어 나뒹굴어야 속이 시원했다 피를 봐야 끝이 났다 이번 판은 어떻게 굴러갈까? 종교는 안을 보라고 다그쳤다 문학은 바깥을 보라고 소리쳤다 나는 안팎을 왔다 갔다 하느라 미친년이 되었다 이렇게 정신 나갔을 때 안쪽 사람이 비밀을 누설했다 피정은 연습이고 살아가는 자리가 실제예요 나는 연습장에선 날고 기었지만 실전에선 벌벌 떨었다 사람에게 시달리다가 몸져눕곤 했다

믿음 가는 시인 책을 끝까지 읽었다 누구는 스치듯 누구는 한몸으로 누구는 멀찍이 떨어져 간다 종교는 앞선 발자국을 따라오라고 한다 문학은 첫 발자국을 내라고 한다 둘

을 섞으면 어떤 발자국이 될까? 엎치락뒤치락 십 년째 가고 있다 백 년을 향해 천 년의 오기로 가고 있다 오기를 수천수만 번 고치며 가고 있다 저 판은 피눈물이었다 이 판은 피투성이일까 이판사판인데 길은 있는 걸까

신호음을 타고

여보세요 여보세요 거기 누구세요
미끄러지듯 전화기 속으로 빨려 든다
여기가 어디야 두리번두리번
천정에서는 백열등 필라멘트가 떤다
찬장엔 매실주가 줄지어 있다
바닥엔 벗어놓은 옷가지가 어수선하다
머릿속도 이리 어지러울까?
목덜미를 만지며 블라인드 제치다가
행거에 널린 양말짝에 손이 간다
이리 많은 발이 어디를 헤매고 있나
방 주인은 누구일까?
탁자에 놓인 소주는 초록불
플라스틱 통에서 뎅그러니 쳐다보는 멸치 눈알
어리둥절해 독서실에나 있을 법한 책걸상
국어사전 하나 꽂혀있는데 왜 들여놓았나
의자를 빼다 말고 등받이만 만지작거린다
앉아도 되는 자리일까?
책상에 앉아서 머뭇 손을 올리자
쥐지도 않은 연필이 뭔가를 받아 적는다
문손잡이를 돌리면 입을 떼던 사람

어처구니라고 적는 거니
열쇠도 없이 들어왔는데 낯익어
불현듯 전화벨이 울린다
아무리 둘러봐도 보이지 않는 전화기
분명 신호음을 타고 여기로 들어왔어
등록되지 않은 번호였다고
허둥댈수록 팽팽해지는 전화벨 소리
어서 여길 나가야 해 너의 바깥으로

선수들

그녀가 러닝머신을 달렸어요 70 80 90 속도를 올렸어요
심장 박동이 심하게 빨라졌어요 러닝머신 위에서 빗소리가
들렸어요 몸도 젖고 생각도 젖고 계기판을 생각 없이 쳐다
봤어요 십 킬로가 빨갛게 깜빡였어요 밥을 푸다가도 청소기
를 돌리다가도 뛰쳐나갔어요 시골구석에 처박혀 뭐 하는 거
니 두 시간을 달리면 아무 소리도 들리지 않았어요

오 년을 달아난 적이 있어요 쥐도 새도 모르게 이사했어
요 몇 년 박혀 있으면 다 잊힐 거야 숨을 돌리는데 옆에서
숨소리가 났어요 누, 누구세요 러닝메이트잖아요 나는 마
라톤 선수였구나 열 살 무렵 오빠에게서 달아나던 단거리
선수로 착각했어요 아무도 없는 뒤란 돌담 아래서 일어났
던 발길질

소녀가 방 안에서 달렸어요 중학생은 어중간하지 않아요
결승선을 향해 달려가는 손가락 타다닥 타닥 키보드 세 개
를 바꾸며 달렸어요 육상 선수는 말없이 달리는데 테일즈런
너 선수는 소리 지르며 달렸어요 자정에 게임이 자동으로
꺼졌어요 제기랄 셧다운 전학 간 학교에서 주저앉지 않았어
요 외동으로 달리고 외톨이로 달렸어요

웹툰 작가를 향해 달렸어요 눈은 머리로 가리고 마네킹 같은 팔다리였어요 손발은 언제 태어날까요 보다 못해 웹툰 학원을 권유했어요 드디어 신발을 신겼어요 주먹손이 잽을 날렸어요 내가 좋아하는 웹툰과 똑같이 그리는 언니가 있어 공부는 취미래 수학 문제 풀이 노트에 기이한 얼굴이 빼곡했어요 만화는 내 취미야

피정 7
−안정호 신부

다른 피정 지도 신부는 피정 강의 시간에 신학 지식을 전달했다 안정호 이시돌 신부는 자기 살아온 이야기를 했다 사람들은 예수회 신부 하면 똑똑할 거라고 생각해요 전 어려서 공부를 못했어요 눈이 나빠서 칠판 글씨가 안 보였어요 예수회에 들어온 건요 명칭이 짧더라고요 이렇게 공부 많이 시키는 줄 알았으면 안 왔을 거예요 사제 양성은 서강대에서 철학을 배우고 신학은 외국으로 나가요

전 아일랜드에서 공부했어요 함께 공부한 여섯 중 넷은 유럽인이고 저랑 말레이시아 수사가 있었어요 같은 동양인이고 영어도 잘하니 도움 좀 받아야지 생각했어요 글쎄 유럽 수사하고만 어울리더군요 유럽은 경로사상이 없어요*(피정자들 키득키득)* 전 삼십 대 후반이고 저들은 이십 대 후반이었어요 근데 이시돌하고 반말하잖아요 그때 공동체 들어가기가 싫었어요 이래서 수도회를 나가는구나 하는 생각이 들었어요 어렵게 공부했어요 듣기는 좀 하는데 고급 말은 못하거든요 어린애 취급을 받아요 영어가 저 때문에 고생했어요*(피정자 모두 까르르)* 그때 저 왕따시킨 말레이시아 수사를 용서하기가 힘들었어요 평소엔 괜찮다가 피정하면 억압했던 감정이 올라오잖아요 그때마다 부글부글 그러다 이게 그 사람 탓이 아니란 걸 알았어요 제가 어려서 집안 형편이 안

좋아 작은 집에 양자로 보내졌어요 남의 집에서 눈치 보며 사는 게 힘들어요 이와 비슷한 상황이구나 알아차렸어요 그러자 말레이시아 수사가 안 미워졌어요

제 말이 재미있는지 웃으시네요 제가 수도회 들어와서 몇 년간 말더듬이었어요 강론 강의가 업이 될 사람인데 수도 생활을 그만둬야 하나 심각했어요 더듬지 말아야지 생각하면 더 더듬었어요 한번은 식당에서 밥을 먹는데 심리 공부한 신부가 앞에 앉았어요 제가 말을 더 더듬어서 크크 큰일이에요 그 신부가 쓱 쳐다보고는 이렇게 말했어요 그냥 더듬으세요 자기 일이 아니라고 대충 말하나 싶어 속상했어요 가만 생각하니 '있는 그대로' 받아들이라는 거였어요 이후 사람들 앞에서 더듬더듬 말했어요 그랬더니 덜 더듬다가 지금처럼 된 거예요

예수회 신부들은 자기 분야가 있어요 어떤 분은 피정 지도를 어떤 분은 서강대에서 강의해요 전 이리 가라 하면 이리 가고 저리 가라 하면 저리 가요 한번은 기도 중에 다른 신부들은 이냐시오 영성을 살고 나는 땜빵 영성을 산다는 걸 알았어요 문제는 이게 싫지 않다는 거예요 다른 신부가 뭘 부탁하면 열심히 해요 그럼 부탁한 신부도 만족해하고 나도 기분이 좋아요 지금은 화곡동 신학원에 있어요 원래 여

기 명칭이 예수회 철학원이었어요 수사들이 수련기를 마치고 철학 공부하는 곳이에요 사람들이 이 철학을 그 철학으로 알고 점 보겠다고 벨을 눌렀어요 *(피정자들이 책상 치며 웃어 댐)* 그래서 신학원으로 이름을 바꿨어요 하하 **수녀도 아니면서 왜 매년 피정 오세요 안정호 신부가 대뜸 물었다 남편과 딸 땜빵이 만만치 않아요 신부가 피식 웃기에 지나가듯 말했다 저도 이게 싫지 않아요**

피정 1
-삼십 일

낙안읍 금산길 순천 영성센터
작은 연못 주변을 수십 번 돌았는데
오늘에야
나무 한 그루가 연못에 통째로 잠긴 걸 보았어요

이처럼 뜨거운 포옹이 또다시 올까요

나를 벗어나 보려고
삼십 일간
경당이 울리도록 한숨을 내쉬고
산과 들판을 쏘다녔는데

실핏줄까지 다 드러난 나무 한 그루가
이끼 가득 찬 연못 속에 고요히 잠겨 있었어요

인물화

내 부모처럼 모시겠습니다
장례지도사가 때 타월만 한 거즈를 든다
얼굴과 몸통과 사지를 창백하게 닦는다
장례지도사 등줄기에서 물이 흐른다

대중목욕탕에서 그녀의 등을 밀었다
때 타월이 등 여드름에 닿지 않게 밀었다
박박 좀 밀어라
좀처럼 내색하지 않던 그녀가 입을 열었다

망자께 옷을 입히겠습니다
장례지도사가 망자 등 밑으로 베옷을 밀어 넣는다
반대편으로 가 팽팽하게 베옷을 잡아당긴다
통 넓은 베옷 소매에 망자 팔을 끼운다

하나 둘 셋 하면 엉덩이를 들어요
허벅지에 걸친 바지를 재빠르게 올렸다
링거액 달린 줄을 소매 속으로 넣어서 뺐다
윗옷은 옷핀으로 고정해 복수 찬 배를 집어넣었다

환의를 씨름하듯 갈아입히고
보호자 간이침대에 걸터앉아 숨을 몰아쉬었다

화장하겠습니다
눈썹을 그리고 분을 바르고 빨간 립스틱을 칠한다
살아선 눈알과 낯빛이 누리끼리했다
광대뼈 아래로는 푹 꺼졌다

다 끝났습니다
낯선 얼굴이 삼베옷을 차려입고 누워 있다
볼과 입술을 어루만진다

이건 가짜야 가짜라고
무슨 말이라도 해봐 욕이라도 해 보란 말이야
장례지도사 인물화는 빨간 입술을 열지 않는다

교양 한문

교양 한문 수업에 등록했다 적응할 수 있겠어요 평생교육원 담당 직원이 물었다 쓰는 건 어려워도 읽는 건 해요

@수업 첫날 출석부 : 할아버지 다수 할머니 띄엄띄엄 젊은 아줌마 둘

한문 선생이 칠판 가득 한자를 적었다 나는 앞줄 할아버지 사이에 앉았다 책상 위에 가방과 중절모가 올려져 있다 모자를 책상 걸이에 걸고 가방은 조심스레 바닥에 내려놓았다

@수업 분위기 : 노인 학생들이 전후좌우로 이야기함 대머리 할아버지는 여보쇼 하고 핸드폰을 받음 별무늬 원피스 할머니는 선생 말을 따라 하는 별난 습관을 지녔음

담당 직원이 왜 물었는지 알겠다 휴식 시간이었다 젊은 아줌마가 칠판 앞으로 걸어 나왔다 수업 분위기가 너무 어수선해요 쌩하니 말하고 들어갔다 나는 웃음이 터지는 걸 참느라 한자 쓰는 척했다

시골 성당 미사는 미칠 지경이었다 요셉 할아버지는 핸드폰이 울려도 끄질 못했다 니나노 닐리리야 닐리리야 안나 할머니는 미사 중간에 중앙 통로로 나왔다 바지춤 붙잡고 오줌을 지리며 화장실로 갔다

이거 있나요 옆자리 할아버지가 이면지를 내밀며 기특한 듯 바라보았다 얼른 받아 한자를 그렸다 교양 한문 배우러 와서 한문 세대 교양을 배운다 노인 적응 수업은 교양이 아니다 필수 과목이다

@수업 평가 : 一石二鳥

선잠

선잠 속을 떠다니는 노랫소리
무한 반복하며 비몽사몽으로 흐른다
손가락 하나 까딱할 수 없는 신열에
누워 듣는 목소리 아아 아베 마리아
시력을 잃은 가수가 사력을 다해 토해 낸다
울음이 대성당 천장을 둥글게 감싸며 울려 퍼진다
그 자리에 버티고 서 혼신으로 밀어 올린다
이대로 바닥으로 가라앉으리
일어나 뭐라도 떠 넣어야 해
이부자리를 걷지 못하는 두 마음
이 몸서리는 끝이 있나요 아아 아베 마리아
눈꺼풀 한번 뜨지 않는 눈먼 가수
눈 뜬 네가 눈먼 가수를 시샘하며 듣는다
그의 목소리가 심장을 파고드는데
심장을 내놓지 않은 이들
제단 난간 아래 구름처럼 모여 있다
기립 박수를 대신하는 산타 마리아 대성당 종소리
눈을 뜨고도 보지 못해요 아아 아베 마리아
눈먼 이의 젖은 목소리에
눈 뜬 이가 물기 없는 눈을 껌벅인다

당신 노래가 축복이라면
너는 열에 들떠 통증을 내려놓지 못한다
축복이고 고통이에요
그의 목소리가 주문처럼 잠결을 헤매는데
너는 간신히 음악을 끄지 않는다

벽과 손

벽은 침묵을 껴입고 있었다 뒷짐 지고 정면을 올려다봤다 그 자리에 언제까지 서 있을 건가요?

벽과의 대화는 면벽이었다 시작도 끝도 없는 비가 중얼 중얼 쏟아졌다 수백 킬로 이어진 벽을 따라 진흙탕 길이 생 겼다 저 길을 걸어가는 사람은 누구일까

사건 사고가 끊이지 않고 머리로는 이해할 수 없는 이야 기로 가득 찬 성경처럼 어처구니가 없었다

헛것을 본 적이 있다 벽이 불쑥 손을 내미는 것이었다 뻘 낙지가 손등에 들러붙는 것 같았다

손깍지하고 일하고 밥 먹고 성당에 가곤 했다 무언가에 부딪혀 코피가 흘러나왔다 허공을 더듬었는데 공기가 손가 락 사이로 빠져나갔다

일터에는 동료 눈이 보일 정도로 칸막이가 쳐져 있었다 눈빛만 봐도 손이 무엇을 하는지 알 수 있었다 한 성당을 십 년 다니면 통곡의 벽을 두드리는 손바닥이 보였다

벽에 이름을 붙여주자 지금부터 옷이라고 부를 게

여기를 깁고 저기를 꿰맸다 누더기 옷은 푸른색을 띠었다

이마를 벽에 찧었다 묵묵부답이라 검지와 중지를 목구멍
에 집어넣었다 회충 같은 것이 입 구멍에서 쏟아졌다 감정
은 희고 길다는 것을 알았다

뒤돌아서 기대었다 벽에 손가락 마디 간격으로 눈금이 그
려져 있었다 벽을 잰 건지 고통을 잰 건지 알 수 없었다 그
자리에 영원히 서 있을 건가요?

헌혈

  문진표를 작성했다 말라리아 에이즈 코로나 유무를 확인
했다 끝으로 빈혈 검사까지 했다 피 한번 주기 참 까다로워
헌혈 배드에 누워 핏발 선 눈을 감았다 여자는 320cc 뽑니
다 주먹 살짝 쥐세요 따끔할 거예요 간호사 말에 뜨끔했다
남편 사업 빚 갚으려고 전셋집을 뺄 때도 암으로 자궁 다 드
러낼 때도 주먹 불끈 쥐었다 멈출 만하면 푸른 피가 다시 흘
렀다 320cc는 일도 아니었다 천천히 일어나세요 눈 부릅뜨
고 일어났다 어지러우세요? 팽팽 도는 세상 한복판인 걸요
헌혈 카페에 앉았다 생수와 초코파이가 나왔다 빼고 채우는
법칙 내 피 빼간 이들은 주는 법을 몰랐다 초코파이 두 개
를 게 눈 감추듯 먹었다 생수는 물맛이다 피눈물은 무슨 맛
이었나 헌혈 차 입구에서 한 자매가 휴대폰을 들이댔다 인
증 사진 남겨야지요 이백 명 중 헌혈한 여자는 한 명이었다
줄지어 기다리던 자매들 빈혈로 주삿바늘 꽂지 못한 자매
들 불치병 선고받은 듯 고개 숙이고 버스를 내려갔다 인증
사진이 문자로 왔다 왼팔 오금에 푸른 멍 자국이 선명했다

제2부

사채업자

너는 악착같이 요구한다 이를 악문 내 생각은 눈곱만큼도 않는다 지금 뵈는 게 없어 딸이 입시를 치른다고 미친 여자처럼 소리를 지른다 시간을 줘 이번 한 번 기다리면 곱절로 갚을게 너는 시간을 담보로 잡는다 시간만큼 빚이 쌓여 간다 너는 장부에 내 말을 적어 넣는다 잊을 만하면 장부를 들이댄다 네 장부 내용이 궁금하지 않다 나도 모르는 빚의 목록들 갚을 능력은 될까 능력이 안 되면 장기라도 팔까 네가 무엇을 요구해도 놀라지 않는다 이미 심장 한쪽을 가져갔잖니 간도 쓸개도 빼버렸다고 나는 무심하게 네 장부를 들춘다 너는 우울을 달고 살았다지 장부를 쥐고도 마음이 불안했다지 장부에 몇 년 몇 월 며칠까지 적어 놓았네 너도 알잖니 수험생과 수험생 엄마는 일심이고 동체라는 것 일심 이체가 되면 곱절로 갚을 게 그 말에 빨간 딱지가 붙었다 기록을 기억하라고 다그치지 마! 이렇게 막 나가면 집달관을 보낼 기세네 네 장부 밖으로 걸어 나간 사람이 있니? 네 치부책에 내 심장이 파랗게 질려버렸다고

인면어

나는 붕어 족이다 물속에서 뽀글거리다 이따금 고개를 내
민다 사람 냄새를 맡는 것이다 낚시터에 오래 앉아 있는 사
람에게 코가 꿰인다면

잡을 때까지 기다리는 사람 물가에 앉으면 빈손으로 돌
아가지 않는다 참붕어 떡붕어 잉붕어 무엇을 낚든 낚아채
는 손맛만 하겠는가

붕어들은 자기 종족이 아니란다 아가미로 숨 쉴 줄 알아

사람들은 제대로 서 보라고 했다 제대로 서는 게 뭔데?
어떻게 휘청이는 마음 하나 없이 살아 그런 당신들이 무서
워

낚시꾼 주변을 맴돈다 물 밖으로 나갈 수 있다면 내게 꼬
챙이를 꽂을지라도 견디겠다

어떤 낚시꾼은 잡은 붕어를 놓아준다 살라고 살려주는 걸
까 다시 걸려들 걸 뻔히 아는 걸까

갈고리에 낀 미끼를 물어보겠다 입이 죽 찢어져 물 위를 끌려갈 것이다 물을 떠난다는데 살점쯤이야 물살에 너덜너덜 떼어 주리라

너는 지느러미와 뼈를 손에 넣겠다 별별 종류 다 잡아봤지만 인면어는 처음이야

눈알 희번덕거리며 인증 사진 찍겠다 시장에 들고 나가 자랑질하겠다 화려한 이력에 한 줄이 더 추가되겠다

아무렴, 제 피로 물을 물들이며 끌려가는 피 맛만 하겠는가

미세레레*

내 마음은 눈보라였다
오도 가도 못해 열감기로 온몸이 불덩이였다

한 열흘 꼼짝 못 하고 누웠다 일어나면
갓난쟁이 눈 뜨이듯 앞날이 동공 크기만큼 보였다

눈을 고무래로 민다
들판 끝자락을 바라보다 농수로에 눈을 밀어 넣는다
속이 닳은 눈과 물이 만나 눈물이다

산골 풍경은 집집마다 비슷했다
부엌 처마 끝에 시래기가 매달렸고
이웃들은 폭설에 발목이 묶여 집 안에서 두런거렸다

장사 쉽니다, 어죽 집에 입간판이 내걸렸다
혀 차는 소리가 옥계리를 걸어 다녔다
남편 없이 시골구석에서 살려니
가슴이 혹투성이지

굴껍질 들고 두엄 쪽으로 걸어간다
어죽 집 여자가 가슴을 여미며 뒤돌아서는 걸 본다
앞뒷집 여자가 서로의 병을 모른 척한다

설거지통에서 밥그릇과 숟가락이 달그락거리며 미세레
레
고무 대야에 요를 꾹꾹 밟으며 미세레레
우체부 오토바이가 고지서 부릉 꽂고 가도 미세레레

서두르지 말자
가마솥에 시래기나 한 두름 끓여야겠다

* 미세레레(Miserere) : 불쌍히 여기소서

피정 5

저녁 먹고 소화 겸 수도원 앞뜰을 걸었다

해가
지리산 끝자락에서 햇무리를 띠었다

저 해는 동쪽에서 순간 올라와
서쪽으로 떨어질락 말락 하기까지
중천을 향해 한발 한발 떼었고
한복판에선 전신 화상처럼 타들어 갔다

이젠 내려놓을 일밖에 없다고
말갛게 얼굴을 쓰다듬는 것 같았다

누르고 참고 견딘 날들이
지리산 서쪽 끝으로 잦아드는 광경을
눈부셔라 눈물이 나
말하지 않고
눈을 감았다 뜨며 바라봤다

기도 안내 강의는 7시 20분이다

얼른 안으로 들어가
206호 내 방에서 필기도구를 챙겨야
2층 강의실로 시간 맞춰 갈 수 있다

신발장에서 실내화를 꺼내 신고
발소리 죽이며 긴 복도를 걸어가면서
해가 떨어졌을까 안 떨어졌을까
생각했다

2층 강의실에 도착했을 때 형광등이 켜져 있었다

해가 어떤 빛깔과 여운으로
넘어갔는지 눈으로 직접 보진 못했다

속이 편안해진 걸 보니
넘긴 걸 잘 소화했음이 분명했다

강의가 시작되기 전 트림이 살짝 올라왔다

봄날은 간다

할머니 두 명이 벚나무 아래 섰다 연분홍 윗도리에 꽃무늬 몸빼 차림이었다

어머니 어머니 여기 보고 웃으세요

검버섯 소녀 둘이 틀니를 드러내 보였다 브이 자를 구부정하게 지었다

개심사 심검당 마루에 걸터앉았다 카메라 수십 대가 꽃나무 가리며 셔터를 눌렀다

며느리이고 딸이
시어머니와 친정어머니를 모시고 왔다
시어머니와 친정어머니가 손잡고 서 있었다

눈 뜨고 있는 동안 뜨겁게 바라봐야 해 눈꺼풀이 떨어지기 직전 목에 명찰을 건 사람들이 몰려왔다

친정어머니가 왕벚꽃 나무 아래로 숨어들었다 벚꽃잎이 하르르 쏟아졌다 연분홍 치마가 봄바람에 휘날리더라

전국에서 관광버스를 대절해 왔다 저녁 뉴스는 개심사 청
벚꽃과 두 할머니 얼굴을 전국에 전파했다

할미꽃은 머지 않아 흰 국화에 파묻혀 자식들 고요히 내
려다볼 것이다 꽃이 피면 같이 웃고 꽃이 지면 같이 울던 봄
날이 가고 있었다*

* 가요 〈봄날은 간다〉

불의 이력

그녀는 불을 손에 쥔 사람이지 불길이 타오르는 걸 조용
히 살피지 아궁이 깊숙이 나뭇가지를 집어넣지 주황빛이었
다가 노란빛이었다가 흰빛으로 변해가는 불꽃의 눈

나뭇가지 타는 광경은 그녀를 닮았지 독기 품은 여자처
럼 불꽃이 튀었지 사람들은 얼굴을 손으로 가리며 물러났
지 늑골 아래 눌러놓은 불이 치밀어 올랐지 애먼 사람 잡을
것처럼 일렁였지

그녀는 불에 덴 사람이지 불현듯 가야산 꼭대기에 불길
이 일었지 마을 사람들은 보따리를 싸며 뜬눈으로 밤을 새
웠지 그때 언니 바짓가랑이를 붙들고 불구경하던 계집애 눈
빛이 수줍은 듯 이글거리며 산 하나를 통째로 태웠지 그러
고도 남은 제 속의 불은 눈꺼풀로 덮었지

산불이 꺼지고 소녀는 시름시름 앓기 시작했다
용하다는 읍내 한의사가 다녀가도 원인 모를 병은 낫지
않았다
아침마다 신작로 저편에서 친구들이 소녀의 이름을 불
렀다

보름이 지나서 학교에 갔다

불덩이가 불구덩이로 뛰어든 걸까

그녀는 부지깽이 사라지듯 자취를 감추었지 가끔 바람
에 날아온 화산재가 그녀 소식이었지 골방에서 구부린 채
불의 이력을 적는다지 불에 덴 알몸을 식히느라 진흙탕 길
을 걸어간다지 숨어있는 불씨는 부지깽이로 들썩여 불꽃
을 살린다지

그냥 견

남들은 반려견을 나는 그냥 견을 키운다
남들처럼 옷을 적시며 목욕시키고
저녁마다 개 산책으로 뒤따라간다
비닐장갑 끼고 똥 덩어리를 집는다
그냥 견과 반려견의 차이가 궁금한가
다른 아줌마는 침대에서 개를 끌어안고 잔다
개가 암에 걸려 수백만 원 들였단다
나는 남편이 좋아 죽을 지경은 아니다
개보다는 낫다
이사할 때 개만 끌어안고 가지 않았다
우리 집 꼬맹이 견이 다육식물을 뜯어 먹었다
순식간에 눈알이 돌아갔다
개를 부둥켜안고 동물 병원으로 달렸다
수액 달고 가루약 일주일분
사십만 원이었다 내 눈알이 뒤집혔다
푸드득 우리 집 푸들이 털을 턴다
나는 털 알레르기가 있다
걸레 들고 개보다 빠르게 달려간다
이런 집이 왜 견을 키우냐고 묻지 말라
우리 반에서 나만 동생이 없어

입이 열 개라도 할 말이 없다
개가 방문 앞에서 까만 눈알을 굴린다
어쨌거나 반려는 인이라는 내 생각
반려견의 반려견에 의한 반려견을 위한
인물들이 집 앞에서 피켓 들면 어쩌지

낙타가시풀

낙타가 지평선을 향해 걸어간다
먹을 거라곤 가시풀뿐이다

가시를 삼킨 목구멍에 피가 고인다
핏물을 삼키며 낙타는 그곳으로 간다

가도 가도 제자리 같은 풍경
낙타는 먼 곳을 바라본다

제 발자국이 길이라면
그곳에 다다르지 못한들 무엇이 두려울까

가시풀을 밟고 온 길
피투성이 가시 옷 가시 띠를 머리에 두르고
가시밭길을 걸어가리

천막은 서까래를 하늘로 모아 세운다
잠시 머물 땅은 서까래로 충분하다

다시 낙타가 길을 걸어간다

제 등에 감당할 만한 혹 두 개를 짊어졌다
'지금 여기'에서 한 걸음 나아간다

가도 가도 만나지 않는 지평선
눈감아야 그곳에 이를 수 있다지만
제 피를 마시는 길은 목마르지 않을 것이다

호야 나무 내력

호야 나무 아래 서 있었다
오든 오지 않든 가야 할 그녀가 서 있었다

지구가 세 번 도는 동안
쑤욱 올라와 한낮을 달구고 뉘엿 지는 해를
마냥 바라보았다

한 손엔 전복죽이 든 보온통을 들고 있었다
다른 손엔 반찬 통을 들고 있었다

죄인을 매달았다고 적은 호야 나무 표지석을
소리 내어 읽었다

물길 쪽으로 깊어지는 뿌리와
허공을 움켜쥐려는 가지는
제 방식대로 끝까지 뻗어나 갈까

문자 메시지가 왔다
절대 안 가요, 억지 쓰는 가지를
제발 내버려두지 마요, 손을 놓은 시간으로 읽었다

네가 와도 가야 할 그녀가 서 있었다

침묵에 침묵으로 답한 죄
허기로 떨기 전 손 내밀지 않은 죄

죄인이 끓는 이마를 짚어 주자
너는 물김치를 당겨 전복죽 한 그릇을 다 비웠다

이제 큰 잘못을 저지르자
네가 어리중천을 헤매도 쳐다보지 말자
황도 12궁의 불덩이는 홀로 길을 걸어가야 한다

피해 의식

누, 누구세요 어디가 어딘지 분간할 수 없는 곳으로 떨어졌다 여기 사는 사람이요 사람이라는 말에 안도의 숨을 내쉬었다

발을 헛디뎠는데 사람 소굴이라니

속을 알 수 없는 사람이었다 속병을 달고 살았다 한창일 생리가 끊기고 한창일 마음이 한없이 무너졌다

의사가 사제처럼 말했다 마음이 힘들면 몸이 축나고 몸이 힘들면 마음이 축나요

너와 나의 몰골에 차이가 났다 나는 기운이 빠지고 머리털이 빠지고 살이 빠지는데 너는 혈색이 돌고 혈기가 왕성하고 혈혈단신처럼 날았다

사람 좋아하시네! 제 허기나 채우면서

나는 제정신이 아니었다 네 상태를 내가 왜 알아야 하느냐고 물었지 네 입 구멍에서 살점이 떨어지는 걸 봤다

내겐 사람인지 아닌지 구분하는 척도가 있다 함께 생생할 것 이쪽은 파리하고 저쪽은 팔팔하면 이게 사람 관계일까?

이 구덩이는 피의 전투장이었다 누가 피해자이고 누가 가해자일까? 이 정도 생각으로는 멀쩡한 정신을 갉아먹지 못했다 피비린내 없이 피의 의식을 치렀다

갈 데까지 가야 직성이 풀렸다 피해망상에까지 가보기로 했다 네가 굶주린 얼굴로 다가왔다 흡 · 혈 · 귀 · 나도 모르게 내 목덜미를 움켜쥐었다

병

낫는 병이 있고 낫지 않는 병이 있고
몸의 병이 있고 마음의 병이 있고
네 병이 있고 내 병이 있다

병명 없는 이 병은 언제 나을까?

메슥거리고 핑 돌아
꼭두새벽에 옆 사람 배를 쓸어 줬다

어릴 적 홍역을 앓았는데
두 살 터울 언니는
발에서 머리로 열꽃이 올라 하늘로 올라갔고
나는 머리에서 발로 열꽃이 내려
발을 땅에 디뎠다

엄마는 독한 년이라고 했다
언니를 잡아먹고 살아났다나

어려서부터 병약했다는 말
어려서부터 병 주고 약 주는 말에 병들었다는 말

죽은 언니 목숨값을 치르려는 듯
살아 숨 쉬는 것에 마음을 쏟았다

이젠 잔병에서 센 병으로 넘어갔다
저번엔 방광염이고 이번엔 대상포진이다

네 병보다 내 병이 위중하고
내 몸보다 내 마음이 더 위독한데
악 소리 한번 안 내고
날마다 방바닥에서 몸을 일으켜 세웠다

아카시아꽃이 피었습니다

아카시아꽃으로 하굣길 배를 채웠다

옥계리 고갯마루에서 땀이 등줄기로 흘렀다
아카시아 그늘에 앉아
아카시아꽃이 피었습니다, 말하고
한 잎씩 잎사귀를 떼며 놀았다

할아버지는 오빠에게 한자를 가르쳤다
뒷산 등성이에 올라 귀동냥 사자성어를 외웠다

시몬느 베이유 전기가 마을문고에 꽂혀 있었다
계집애든 머슴애든 읽을 수 있었다
가야산 등성이 너머에 호기심이 생겼다

타지에서 남몰래 울음 삼킬 때면
아카시아꽃이 피었습니다, 웅얼거리며
마음속으로 잎을 떼었다

아카시아꽃이 입안으로 들어오는 것 같았다
달콤함도 쌉쌀함도 한 송이에서 나왔다

꿈 따라 먼 길 떠났다가 구불구불한 꿈길 돌아
오늘을 꿈처럼 살고 있다

이제는 식구들 놔두고 어디로 떠날 수 없다
눈을 크게 뜨고 바라보니
아카시아꽃보다 독한 사람 냄새가 가야산 길에 배었다

눈물 송이가 후드득 쏟아지는 오월이었다

15

15분 전이야
성가 책을 덮으며 여자가 중얼거린다
성당을 나와서 기차역으로 뛰어간다
함께 미사를 하던 딸이 쫓아간다
눈 감고 귀를 막아야 해
깊이 생각할수록 깊은 수렁이었잖아
처음 성당 밖으로 이만큼 뛰쳐나왔다
십만 킬로일까 십오만 킬로일까
집과 성당만 왔다 갔다 했다
뒤따라온 딸이 또박또박 말한다
이만큼 키워놓고 이러면 안 되지
내가 너희로 이만큼 살았다
15년이다

기차가 들어온다
여자가 플랫폼으로 걸어간다
딸이 여자 팔을 붙잡는다
집을 놔두고 어디 가려는 거야
15톤 기관차처럼 잡아당긴다
기가 차니?

웅성웅성 기차에 오르는 사람들

여자는 귀를 틀어막는다

기차가 움직인다

옆구리 브레이크가 옴짝달싹 못 하게 조여 온다

여자가 플랫폼 간이 의자에 주저앉는다

브레이크 고장인 듯 달려가는 기차

여자가 마침 성가를 웅얼거린다

천 년도 당신 눈에는 지나간 어제 같고,

너희 안에서 이만큼 뛰쳐나갔다

15년이다

아가미

러닝머신에 나를 세웠다
무릎이 꺾이고 주저앉고 싶었다
옆 러닝머신이 헉헉거리는 소리를 냈다
공시생이 오 년째 이를 악물고 달렸다
유행가가 스피커에서 악썼다
그곳은 심해처럼 조용하지
마음이 밑도 끝도 없이 가라앉지
심연으로 가라앉는 나에게 속삭였다
방구석에서 언제 나올 거니?
러닝머신을 달리는 옆 사람
눈구멍에서 물이 떨어졌다
뜀박질 소리에 허벅지 근육이 불룩였다
귀에 익은 목소리가 소곤거렸다
러닝머신에 발을 붙이려고 애쓰지 마
종일 누워서 천장을 바라보면 되잖아
나는 그 목소리에 되물었다
물 위를 떠다니는 기분 아니?
망망대해를 막막하게 헤매다니지
이젠 흐물거리지 말아야 해
무릎 아래를 더듬더듬 만졌다

물렁뼈가 남아있는 게 신기했다
무릎을 비틀 세웠다 세우고 또 세우고
며칠 후 피트니스 센터 출입문에
종이 한 장이 나붙었다 확장 수리 중
공원 도는 걸로 운동을 확장했다
잉어들아 오늘은 잉여 인간 졸업식이야
아가미를 떼어 홍예 공원 연못에 집어 던졌다

사순

운전하는데 앓는 소리가 터졌다
용수철처럼 누르다가 튕겨 오른 몸의 소리
직장에선 직원이 그만뒀다
딸은 영어 과외 선생을 찾아달라고 다그쳤다
두세 몫 일하며 전화를 걸었다
그 많던 아파트 광고는 다 어디로 갔나
고3이라면 과외 선생이 전화를 끊었다
고3 딸을 둔 아줌마에게 전화했다
지금은 수학해야지 무슨 영어예요
다시 핸드폰을 들었다
사십 번 이상 전화를 걸었다
한번 만나볼게요 핸드폰에 대고 절했다
딸이 원하는 사십 안 된 여선생이었다
내가 원하는 선생이기도 했다
과외비를 감당할 수 있었고
차로 데려다주지 않아도 됐다
엄마 정보력이 짱이라고 헤헤거렸다
나는 인내력이 짱이라고 중얼거렸다
이쪽저쪽 뒤치다꺼리하느라
나를 돌볼 겨를이 없었다

핸드폰이 울려 갓길에 차를 세웠다

오마이갓, 사순절 십자가의 길 안내 문자였다

십자가는 짊어져야 십자가다

십자가의 길은 수백 번 넘어지는 길이다

가던 길 가려고 다시 차를 몰았다

푸른 왕

푸른 왕을 만나러 갔다
그의 슬픔이 땅 위에서 떠도는 걸까
왕은 비파를 끌어안고 하늘에 누워 있었다
옷을 찢고 재를 뒤집어써도
변하지 않을 사랑이 천벌이라니
그녀를 사랑했던 천 송이 만 송이
꽃송이를 천상에 심고
슬픔으로 온몸을 동여매고야
왕의 손가락에서 가락이 흘러나왔다
그의 음악으로 이 세상을 견뎌 볼까
하늘에 빌고 땅에 엎드린 사랑
하늘이 알고 땅이 다 아는 사랑으로
그는 푸른 왕이 되었다
성스러운 기록이 아니므로
기념품 가게에서 마우스 패드를 집어 들었다
비파를 뜯는 희고 큰 손가락처럼
사각 패드 위에 마우스를 올리고
만질 수 없는 얼굴을 수없이 문질러야지
하늘과 땅이 물감처럼 푸르게 섞이리라
그의 아픔으로 이 울음을 이겨 낼까

손발을 묶고 심장을 묶고 영혼을 묶던
어둠이 세 겹 네 겹 걷힐 거야
푸른 울음이 천상과 지상을 잇도록
지상의 길 이백 킬로를 소리 없이 달리면
그와 내가 한 몸이고
그곳과 이곳이 하나의 세계인 듯
온몸에 푸른 꽃이 열브스름하게 번졌다

개똥

누구세요 누구세요 목소리가 낯설어 반복해서 물었다 김미진이에요 동기한테 전화가 오긴 시골로 와 처음이었다 동기들에게 전화 걸긴 여러 번이었다 이따가 전화할게요 감감무소식이었다 차 한잔해요 서울 한복판에 있는 직장을 다닐때는 동기들이 먼저 전화했다 휴학했던 김미진 샘이죠 맞아요 아이 키우고 내친김에 박사 했어요 운 좋게 경기도 땡땡학교에 임용됐어요 늦었지만 축하해요 어쩐 일로? 학생 취업 센터가 전공 관련 직장과 협약을 맺어요 이십 장 할당량채우기가 힘드네요 이런 걸로 전화해서 그렇지요 아니에요오죽하면 그 협약서가 뭘 더 요구하나요 협약서만 주고받으면 돼요 동기들에게 팽당했던 시골 아줌마의 쓸모라니 개똥도 약이 되는구나 지금도 쓰는 거 좋아하세요? 우린 프레젠테이션 과제를 선호했잖아요 샘은 레포트 쓰길 원했고요 그녀가 협약서와 학교 이름이 새겨진 볼펜을 보냈다 학위 증서 이후 처음 만져 본 청색 우단 케이스 책장 맨 아래 칸에번지르르 꽂혔다 번쩍거리게 글 쓰는 건 질색이야 금빛 볼펜 세트는 필통꽂이에 처박았다 협약서에 사인 후 그녀와나는 한 번도 통화하지 않았다

제3부

객관적인 딸

잠깐만, 현관문 여는 중이야 어제 종강했어 아직 조별 과제를 못 냈어 내가 느긋하잖아 마음먹으면 금방 해치워 기한 지났으니 몇 점 깎이겠지 나처럼 엄마 전화 잘 받는 애는 없어 지난번 삼 일 불통은 LCK였다고 e스포츠 리그 전이야 외동딸은 객관적으로 잘 지낸다 용돈 보낸 날은 용돈 기념 족발을 시켜 먹었다 새벽 다섯 시에 일어나야 하는 실습도 마쳤다 나 배고파 어제 먹다 남은 족발 데우면 돼 응, 남았어 브로콜리 액이 한약 마시는 것 같다고 나처럼 엄마 말잘 듣는 애는 없어 방 청소? 핸드 청소기가 고장 났어 머리카락을 피해 발 디디면 돼 걱정하지마 음식물 쓰레기는 냉동칸에 얼렸어 나는 방에 벌레 안 키워 알았다고 빨랫거리다 챙겨서 갈게 엄마, 도라지 산책 다녀왔지 도라지 보고싶다 동영상 보내 줘

지금

수녀의 축일 축하가 있었다 수녀가 꽃다발 들고 마이크를 잡았다 수녀는 교회 어머니예요 신자들에게 좋은 어머니가 되려고 해요 시골 성당 특성을 익히고 있다고 말할 줄 알았다 수도 생활 오 년째라고 했다 중고생 엄마 열 명이 듣고 있었다

미사 때는 제대 촛불이 꺼져버렸다 성당 사방에서 벽걸이 선풍기가 돌아갔다 수녀가 촛불에 바람막이 유리를 씌우지 않은 것이다 시골 성당에 적응하느라 정신이 없겠지 나는 미사 내내 꺼져 있는 초를 바라보며 중얼거렸다

토요일마다 서울에 올라갔다 합정역 인근에서 오 년째 시를 공부하고 있었다 좁고 후텁지근한 강의실은 콩나물시루 같았다 선생 눈에는 콩나물 자라는 게 보이나? 고만고만한 콩나물에 쉬지 않고 침을 부어주었다

시 수업이 끝나고 치킨집으로 자리를 옮겼다 제 시 좀 자랐나요? 선생이 닭 뼈 하나 정도 엄지와 검지를 벌렸다 선생이 허기진 배를 채우려고 닭 다리를 물었다 내가 또 물고 늘어졌다 '시골 창녀'만큼 쓰고 싶어요 선생이 뼈 있는 말을

했다 그 시인하곤 기질이 달라요 시 끄트머리나 잘 쓰세요
벌건 양념치킨을 이빨로 물어뜯었다

    교회 어머니가 되려면 제대 촛불을 꺼트리지 마세요
    뼛속까지 시인이 되려면 시 끄트머리를 잘 쓰세요

에브리데이

에브리데이에 간다

오늘은 무얼 먹을까
매장 입구에서 녹색 장바구니를
집어 든다

과일 코너로 향한다
복숭아 참외 포도가
코를 과민하게 한다

지난여름엔 몸이 과민했다
자꾸 피곤해서
갑상샘 검사를 받았다

내 목을 꼼꼼히 만져보던 노의사
과일을 많이 먹나요?
과하게 먹으면 과민해져요

갑상샘이 아니라니
가슴을 쓸어내렸다

에브리데이 드나들며
과일 박스를 실어 나른 게 문제였다

이제는 정육 코너를 둘러보며
빨간 등심 팩을 장바구니에 담을지
말지 고민하지

고기와 과일 말고
채소가 있는 것을 잊어버리는

매일매일

피정 9
−관리인 허영태

야생동물 만났을 때 주의 사항입니다 올해는 개구리가 일찍 동면했어요 뱀도 동면했겠지요 산책로만 따라가시면 뱀 만날 일은 없어요 다음은 멧돼지입니다 등산하다 나무 사이로 멧돼지를 볼 수도 있어요 가던 길 가시면 됩니다 마주칠일 생길까 봐 말씀드려요 저도 오 년 동안 세 번 만났습니다 뒤돌아서 도망치면 절대 안 됩니다 야생동물에게 등 보이는 건 공격을 의미해요 제자리에서 소리 지르면 더욱 안 됩니다 멧돼지 눈을 똑바로 보세요 갑자기 사람을 만난 멧돼지도 당황스러울 겁니다 똑바로 쳐다보면 제 갈 길 갑니다 다음은 고라니입니다 봄밤에 우는 소리는 고라니 울음이에요 저는 듣기만 합니다 할 수 있는 게 없어요 다음은 피정집과 맞닿은 염소 방목장입니다 염소는 사람을 해치지 않아요 엄마 따라 아기 염소들이 몰려 다녀요 옆으로 내려오시면 됩니다 이상입니다 참, 건물 사용 시 주의 사항입니다 경당 철문을 끝까지 당기면 찰칵 소리가 나요 기도에 분심 되겠지요 닿을락 말락 할 때 놓으세요 설거지 후 수건 널러 나가지요 출입문 열어 놓지 마세요 잠시 잠깐이라도 쥐가 들어옵니다 음식 냄새로 항상 기웃거리니까요 정말 이상입니다 좋은 피정 되세요 그러니까 오 년 전 관리인 청년을 만났다 순박한 이마의 청년이 복도를 청소했다 피정자가 신기 좋게 방문 앞의 신발을 일일이 돌려놓았다 등산로에서 침묵으로 만나면 목책 세우는 일에 열중했다 다음 해엔 머리를 하나로 묶고 생활한복을 입고 있었다 누가 봐도 수도원 바깥 담당이었다 3시 10분까지 순천역으로 가니 봉고차가 대기하고 있었다 십이인승 봉고차에 열여덟 명이 모였다 몸이 피곤한 분들은 봉고차로 가고 남은 분들은 짐 놔두고 정류장으로 가세요 20분 후 낙안읍성행 버스가 올 겁니다 제일 젊은데 봉고차에 올랐다 무사히 피정집에 도착하나 싶었다 영태 씨가 휴대폰을 받았다 형제님 시골 버스는 정확히 도착하지 않아요 수녀님들이 있으면 버스가 안 온 거예요 다시 휴대폰을 받았다 택시 타지 마시고 기다리세요 제가 원장 신부님께 말씀드릴게요 한 분이 버스를 놓쳤습니다 이분들 모셔다드리고 순천역으로 한 번 더 나갔다 오겠습니다 수도원에 도착해서는 트렁크 열여덟 개를 내려주었다 이러다 영태 씨가 머리를 깎겠다면 어쩌지 몸 사리지 않고 마음을 곧이곧대로 표현하는 영태 씨 그럴 리 없다 그러면 안 된다 허영태는 유일무이한 관리인이다 피정을 관리하며 자신의 이마도 피정하는 사람이다

분리수거

분리수거 가방을 들고 쓰레기장으로 간다
병과 캔과 비닐이 든 가방은 오른쪽 폐지 가방은 왼쪽
이다

옷장 속 남자 옷가지를 트렁크에 담으면
집 안이 말끔해질 것이다

이번엔 너를 분리수거 가방에 담는다
끙끙대는 건 무게 탓일까 무거운 마음 탓일까
쓸쓸함이 구석에서 뒹군다
가방 밑바닥에 들러붙은 상처가 떨어지질 않는다
껌딱지처럼

큰맘 먹자
종이를 버리고 병을 버리고 캔을 버린다
아이 캔 두 잇!
이참에 너를 버리려고 이리저리 살핀다

옷 수거통? 음식물 통?
네가 입었던 바지와 셔츠를 옷 수거통에 구겨 넣겠다

너와 먹었던 콩국수 칼국수 멸치국수를 음식물 통에 쏟아버리겠다

이러지 못하고 분리수거 가방에 너를 다시 담는다

종이 뭉치와 비닐과 캔을 분류해 버렸는데
분리수거 가방이 더 무겁다
분리수거도 안 되고 재활용도 안 되고
오른편이든 왼편이든 불편한 너를 잡고
다시 집으로 들어간다

118동 여자가 분리수거 가방을 양손에 들고 걸어온다

국가 대표

딸이 장학금을 받았다 오천 원짜리 복권에 당첨된 적이
없었다 하나로 마트 행사 추첨에 당첨된 적도 없었다

국가 장학금 받을 자격은? 어디 한 군데 몸 성한 곳 없이
3D 업종에서 삼교대로 노동했다 사회의 척추답게

매달 근로 소득세와 4대 보험을 성실 납부했다
덜 먹고 덜 입어 엄마 병원비를 1/n 댔다
황소 새끼처럼 들이대는 사춘기 딸이 사람 새끼 될 때까
지 참고 기다렸다

몸과 마음은 건강하다고 덜 쓰고 적금 부으면 귀신같이
전화가 걸려 왔다
프란치스카 씨, 아들 신부가 몽골로 선교하러 갔어요 게
르 성당을 지어요 눈 딱 감고 백만 원을 보냈다

이런 집이 왜 국장을 받는지 궁금했다 소득 수준이 하위
1~8구간에 속했다(엄마, 우리 학과 애들은 이런 게 있는지도 몰라)

물려받은 재산 없는 맞벌이 부부가
발 동동거리던 날을 막 지나왔기에

몇 번 망설이다가 몇 장 기부금을 내기까지

국가 대표 격으로 고단했다 그러니까 이 나라 등뼈라고
명명하더니 등골 휘도록 부려 먹은 값을 이렇게 쳐주겠다
는 거니?

피정 4

매년 오는데 뭣 좀 알겠네요
여기가 집보다 편하다고 말하려다가 입을 다물었다

　복도 끝 창고에서 낮은 베개로 바꾸고 전망 좋은 이층 휴
게실 소파에서 커피를 홀짝거리고 함께 다니라는 뒷산 정상
을 혼자 올라갔다가 지름길로 내려왔으니까

　열흘 피정으로 뭣 좀 알긴 알았다
죽었다 깨나도 나는 나라는 것

　사람 말을 곧이곧대로 믿는 게 죄는 아니라지만
복잡하면 숨이 막혔으므로
복잡한 사건과 사태와 사고를 견딜 수 없을 때
피정했다

　이렇게 수도원을 제집처럼 들랑거렸는데
오래 있을 곳이 못 됐다
머리 굴리지 않는 곳이라 숨통은 트였지만
분통이 터졌기 때문이다

먹고 입고 잠자기까지 얼마나 수고해야 하나
이런 생각을 하지 않는 곳

카드값과 공과금이 통장에서 빠져나가고 딸 학원비와 남
편 용돈을 주고 나면 책 몇 권은 살 수 있으련만 경조사비
가 생기면 어떡하냐고 피정비까지 내야 하는 달은 반찬 수
를 줄일 수밖에

저 여자 저럴 거면 수도자로 살았어야지
피정을 이리 해도 통합이 안 되는 사람은 처음이요

여기도 저기도 아닌 사람을 뭐라 부르나
여기와 저기를 뒤섞으며 끝까지 가보기로 했다

푯말

일락사 입구엔 푯말 여러 개가 있다
우리 절엔 반려견이 있습니다
(순남이 뽀순이)
짖는 이유는 반가워서 그렇습니다
짖는다고 돌을 던지거나 발로 차면
방어 기제로 더 짖습니다 **주지 올림**
나는 이 푯말을 일일이 다 읽었다
전국 방방곡곡 절을 둘러보았는데
개 때문에 푯말 붙인 곳은 여기뿐이다
절 마당으로 들어서니
개 두 마리가 달려오며 짖었다
네가 순남이구나 너는 뽀순이
첫눈에 봐도 척 알겠다
순남이는 누렁이로 순한 눈빛이었다
뽀순이는 흰 털에 긴 꼬리를 흔들었다
나는 친해지고 싶으면 물어뜯었다
내가 물고 늘어지며 따지는 이유를
누구도 알아차리지 못했다
꼬리 달고 살랑대는 법을 익힐 걸
개 속내를 아는 중이 궁금했다

절 마당을 기웃거렸는데
반질반질한 머리통 하나 볼 수 없었다
주지는 법당에 들어앉아
개가 꼬리 치는지 꼬리 내리는지 알았다
일락사에는 사람보다 더 대접받는 개가 산다

새로운 얼굴

두 손으로 얼굴을 감쌌다 달덩이 하나가 손안에 둥실했다 평면이던 이목구비가 펑퍼짐해졌다 손가락으로 얼굴을 꼬집었다 어디가 눈이고 코이고 광대뼈인지 구분이 안 되었다 서산의 마애삼존불처럼 후덕했다

집 비울 준비를 했다 예상과 예상 밖을 떠올렸다 콩조림과 멸치조림을 간간하게 졸이며 간을 봤다 이것이 탈의 탄생 기원이다

다 들어내면 마음이 감당 못 해요 주치의 눈에 힘이 들어갔다 혹이 자궁의 반을 차지했어요 요통이 심해서 생활하기도 힘들잖아요 생명을 키웠던 곳이 생명을 죽이고 있었다

수술 날짜가 다가왔다 잠결에 쏟은 물이 눈을 밤탱이로 만들었다 눈에 선글라스를 씌웠다 얼굴엔 붓기라는 가면을 씌웠다 표정이 무표정으로 바뀐 것이다 천 개의 감정을 다 독이느라 천번 만번 묵주 알을 돌리지 않아도 됐다

두 손으로 얼굴을 쓰다듬었다 찐빵에 눈구멍 콧구멍 입구멍이 표시되어 있다 종양 덩어리가 사라진 만큼 영혼이

묵직해졌다 탈을 무탈로 바꾸어야 한다 입꼬리를 찢어 백
제의 미소를 흉내냈다 울음과 웃음을 버무린 새로운 얼굴
이 탄생했다

양손

칼을 쥐었어요
양손에 떡인 줄 알았는데
양손의 칼이었어요

이쪽 손을 놓으면 악 저쪽 손을 놓으면 울고불고
이쪽을 펴야 할지 저쪽을 쥐어야 할지
이러지도 저러지도 못했어요

헛것이 보였어요

오른 손가락이 열 개 왼손가락이 열 개
나 열 손인가 봐 열 손
열에 들떠 손바닥을 마구 쳤어요
이쪽에서 짝짝짝 저쪽에서 짝짝짝

짝이 없이 정신과 병동을 들락날락하는
그를 지켜봤어요
나는 담당 간호사라서 본 대로 기록했어요
천백일 호실 환자가 침상에서 벽을 보고 중얼거렸음

약을 건네는데 불현듯 그가 말했어요
벽 보고 혼자 얘기하는 것 같나요?

진지하게 헛소리하는 그가 무섭지 않았어요
그의 말에 고개를 끄덕이는 내가 무서웠어요

남들은 안 보이는데 이렇게 중얼거리죠

저쪽, 저리 서슬 퍼렇게 칼을 가는 이유가 뭐요
이쪽, 이런 식으로 칼을 쓰면 어쩌겠다는 거요

화장실

왜 오빠 시켜 대들보에 묶어놓고 때렸어 엄마가 직접 했어야지 나도 딸을 둔 엄마가 됐다 수천 번 곱씹어도 삼켜지지 않았다

팔순 엄마가 공중화장실 변기에 앉아 있었다 간경화 말기인데 화장실에서 볼일을 보겠다고 고집부렸다 화장실 문밖으로 휠체어 내어놓고 포문을 열었다

네년이 나를 싫어했잖아
엄마 빼닮아서 나를 싫어한 거잖아

이런 본질적인 감정을 주고받기엔 끝장을 확인하는 화장실이 제격이다

화장실 칸막이를 두고 적막이 흘렀다
화장실 문을 열어젖혔다

한 번도 미안해하지 않았던 손
머리채를 잡고 휘두르던 손
그 손을 의수처럼 매달고 엄마가 엉거주춤 서 있었다

노인의 터질듯한 배 밑으로 아랫도리가 민숭민숭했다 환자복을 추켜올리며 떠들었다 시원하지 열흘간 똥 못 눴잖아

　　그깟 열흘이다 나는 수십 년간 변비였다 죽지 않을 만큼 화가 머리 꼭대기를 오르내렸다 마음은 밑바닥 없이 짓물렀다

　　당장 문 열라니까 제 뜻대로 안 되면 화장실에 들어앉는 딸 누굴 닮아 이리 고집이 셀까 나는 화장실 손잡이를 마구 돌렸다 딸을 이겨보려고 악을 악을 썼다

도서관에 그냥 앉아 있기

도서관 열람실에 그냥 앉아 있다
가방을 탁자에 올려놓고
두 시간째 그냥 앉아 있다

오늘부터 시작,
오늘부터 다시 시작하자고
책 모서리가 닳도록 가방에 넣고 다닌다

어제는 이비인후과에 갔다
요즘 들어 귀가 아프고 먹먹했다
마음이 예민하면 신체 기관도 예민해져요

귀가 안 들린다고 책을 못 읽나

줌 강의를 졸며 듣던 버릇은 고쳐야겠다
강의 내용을 똑똑히 알아들으려면
눈빛과 입 모양까지 집중해 봐야 한다

귀는 윙윙대도
도서관은 시각과 생각을 만족시킨다

두어 시간 멀뚱멀뚱 시간을 죽이는데
모든 죽어가는 것을 사랑해야겠다,
이 시가 떠올라 이목구비에 손가락을 넣어본다

어라, 눈 코 입은 쓸 만한데

가방 도로 챙겨서 도서관을 도망치듯 나선다
식구들 저녁밥을 차려야 한다
제때 밥을 먹고 왼 귀의 삐이이 비트에 맞춰
시집을 읽고 시작해야겠다

직설 연구

모집단에 밑줄을 그었다
이를 악물었는데 입에서 직설이 쏟아졌다
이건 볼펜 칠로 뭉개지지 않아
제 얼굴을 똥칠할 뿐이었다
직설 원인을 분석했다
갈고리 말을 꽂아대던 엄마
그때 네년이 죽고 영자가 살았어야 해
나는 발바닥에서 정수리까지 열꽃을 피웠다
가슴팍엔 화살촉 흉터가 남아 있다
엄마와 말투는 상관이 있는가
언니는 옥계리 고갯마루에 자전거를 세우고
쏘가리처럼 쏘아붙였다
징징대는 널 태우고 학교 다니기가
얼마나 힘든 줄 알아
고마워 미안해 말을 못 하고
손톱 물어뜯는 버릇이 생겼다
언니와 말투는 상관이 있는가
표본을 늘려서 신뢰도를 측정하자
어머니 기일에 8시까지 갈게요
이때라도 서로 얼굴 봐야지요

가족 단톡방에서 유일하게 오글거리는 말투
경주 김씨가 아니라고
닭살 돋게 말 좀 하지 마!
두 손으로 입을 틀어막아도 막말이 쏟아졌다
볼펜 똥이 흐를 때까지 밑줄을 그었다
연구 결과로 모와 집단(자녀) 간에
말투가 닮는다는 것이 밝혀졌다
이 상관관계 변수(X)는 히히 웃는 거였다

이든 빵집

파리바케트 간판이 떼어졌다
일 층 빈 가게가 어수선했다
브랜드 빵집보다 센 업종이 뭘까
중년 부부가 일 톤 트럭에
밀가루 반죽기와 오븐을 싣고 왔다
건물 세입자들이 수군거렸다
개인 빵집이래요
덕산 오일장에 줄 서는 노점 곰보빵
거기서 그냥 장사할 것이지
옆 호실 속옷 가게 사장이 말끝을 흐렸다
월세가 없는 곳을 왜 떴냐고
물어도 부부는 묵묵부답이었다
연두 빨강 머그잔에 햇빛이 자글거렸다
아담과 하와가 흰 가운을 입고 손님을 맞았다
가운에는 시장통 냄새가 배어 있지 않았다
사고팔고 흥정하는 사람 냄새도 없고
생선 비린내도 없었다
건물주의 돈나무 화분이 문 앞에 놓였다
에덴동산이 삼백이면 거져지 거져
과실나무는 어디에 놓여 있는 걸까

손님, 오픈 기념 세일해요
여사장 목소리가 사과처럼 달콤했다
부부는 노점 십 년 만에 점포로 들어왔다
이 건물 세입자들은 통창 너머를 지켜봤다
이든 빵집은 이십 평 가게를 과묵하게 지켰다

다리미

엄마는 깔끔했다
서랍장에 속옷을 옷 가게 진열대처럼 담았다
수시로 세탁기 돌아가는 소리가 베란다에서 들렸다

엄마 살림살이를 망가뜨리면 안 돼
식은땀으로 손이 축축했다

엄마는 칼같이 옷 주름을 잡았다
남은 열로 팬티까지 다렸다
다리미 지나간 자리는 칼날처럼 번뜩였다

엄마는 나이를 먹는데 깔끔증은 나이를 먹지 않았다
늙은 몸으로 쉬지 않고 치우다가 몸져누웠다

엄마가 엄마답지 않으니까 내 몸이 꿈틀거렸다

소파 밑으로 손을 집어넣어 먼지를 훔쳤다
세탁소에서 찾아온 남편 와이셔츠 목이 쭈글쭈글했다
모가지가 빳빳하도록 다림질했다

이 병의 말로는 자리보전이지
아, 자산도 보존하지 못했다

저희랑 사실래요? 혼자된 시아버지께 물었다
너같이 깔끔떠는 성격하곤 하루도 같이 못 산다

결혼 전에는 손주 재롱 보며 살고 싶다던 시아버지였다
텃밭 딸린 시골집을 통째로 주겠다고 했다
엄마에게 물려받은 병으로 집문서가 깔끔하게 정리됐다

공사

설비업자 한 명이
바깥 화장실과 맞닿은 벽에
어린애 하나 들고 날 만한 구멍을 뚫었다

뉴스에서 태풍 랑랑 경로를 보도했다
담배꽁초가 옥상 배수구에 수북했고 물살이
계단을 타고 내벽을 집어삼켰다

구멍 한 개와 먹줄이
후줄근하게 인부를 기다렸다

백 평 공사를 백 일 안에 마쳐야 한다
양면이 통창이고 기둥 네 개가 묵직하게 선
내부가 어떻게 달라질까?

당분간 묵묵히 지켜보기로 했다

인부 다섯 명이 들이닥쳤다
먹줄 튕긴 자리에 샌드위치 패널을 세웠는데
먼저 수평계를 고요히 벽에 대곤 했다

하루에 한두 공정씩 몇 날 며칠 몇 달에 걸쳐
공간의 윤곽이 드러났다

변기 구멍을 뚫는 사람 먹줄을 놓는 사람 패널을 세우는
사람 시멘트 바닥을 바르는 사람 타일을 붙이는 사람 전기
선을 까는 사람 문짝을 다는 사람 도배를 하는 사람 값싼 자
재를 쓰자는 사람

이 공사 현장을 처음부터 끝까지 지켜보는 한 사람,

그는 머릿속으로 수십 장의 도면을 그렸는데
머리는 머리일 뿐

생각에 없던 일들이
손끝에서 일어나 손끝에서 마무리되는
공사 현장을 고개 끄덕이며 지켜봤다

좁은 문

동료들은 수도원 언덕길로 올라갔다

혼자서 산길을 내려오는데 바위가 가로막았다
밀어내려고 용을 썼으나 꿈쩍하지 않았다
지렛대를 사용해 봐
속삭이는 이의 얼굴은 안 보이는데
나무토막을 끼우니
바위가 구르고 내리막길이 펼쳐졌다

분만대 위에서 이 악물고 용쓰며 이 꿈을 떠올렸다

유모차를 끌고 가면
여학생들이 평평한 길을 빙 두르고
아기 얼굴에 손바닥을 대보곤 했다

손바닥만 한 문을 열고 세상 밖으로 걸어가려던 여고생
너희는 좁은 문으로 들어가라, 여기를 펼치고
방과 후 교실 창가에 서 있었다

교실에서 바라보는 운동장은 사방이 출구였다

한 문을 열면 빛줄기가 쏟아질 것 같았고
어떤 문은 빛과 그늘이 그물처럼 짜여 있었다

다시 좁은 문이 열렸다
전철 계단을 두 계단씩 뛰어 내려가
1호선 시청역으로 몸을 날렸다
광대뼈에 안경 걸치고 숨을 몰아쉬었다

길 건너 우리 마트 생물 코너에서
생선 대가리를 내리치는 사람
치매 노인의 맥락 없는 말에 대꾸하는 사람
1층에서 25층까지 엘리베이터 버튼을 눌러놓는 사람
들과 이제는 꿈꾼다

지상을 오르내리던 택배 기사가
땅에 발을 딛고서
귀가하는 것을 꿈보다 더 생생하게 지켜봤다

'제 피를 마시며' 걸어가는 독기 어린 불꽃

김정현(문학평론가)

1.

시의 언어가 근원적으로 담지해야 하는 것은 무엇일까. 일반적으로 우리는 행과 연이 구분되는 운문의 형식만 있다면 그것을 시라고 생각하게 되어버린다. 이 현상을 확인하기 위해서는 우리 주변의 일상적 풍경들을 간단히 떠올려보면 된다. 지하철 스크린 도어나 집 근처 산책로에서 흔히 볼 수 있는 좋은 시들이 주위에 많이 있으니까. 나의 부모와 가족 혹은 자식들에 대한 따뜻한 마음을 정다운 말로 담아내고 있는 시들은 이미 익숙하고 또한 평안하다. 우리들의 당연한 세계에서는 대부분 그런 것들이 시라고 호칭되며 통용된다. 문제는 그 말들이 시가 될 수 있는가에 있다.

가족과 자식 혹은 우리 대부분의 감성을 자극하는 부모에 대한 그리움 같은 아름다운 마음이 아니며 혹은 아니어야만 하는 것. 물론 이 말은 가족에 대한 순정한 애정이 무가치하다는 것은 아니다. 그러한 마음은 인간이라면 늘 가질 수밖에 없는 당연한 것이니. 하지만 그것을 시로 꼭 써야 할 필요는 없다. 보편적이기에 그리하여 충분히 익숙한 것. 소위 시라고 생각되는 서정적 말들이 아닌 그것과 무관하기에 가능한 언어. 결국 시의 언어란 장르와 내용 그리고 형식의 문제와 무관하게 어떤 마음의 영역에 속해 있는 것일지도 모른다. 이 세계의 그 어떤 것들과도 다르며 그리하여 별다르고 괴상한 나의 말. 둥글고 부드러운 말이 아닌 삐뚤빼뚤하고 날카로우며 기어이 튀어나와야만 하는 칼날 같은 언어. 우리의 세계가 전혀 생각해보지 못했고 알지 못했으며 알려고 하지도 않는 어떤 기묘하고도 고유한 존재를 말이다.

김기숙 시인의 첫 시집을 일별해볼 때 느껴지게 되는 것들은 필자에게도 그리고 독자들에게도 그러한 시인의 마음일 것이라고 생각된다. 시의 언어는 그렇기에 특수한 나다. 그렇다면 문제는 다음과 같다. 이 나란 무엇인가. 질문을 좀 더 확장해보자. 왜 시를 쓰는가 아니 써야만 하는가. 몇몇 시들 속에서도 확인되는 것이지만 아마도 시인은 평생토록 딸자식이자 아내 그리고 엄마이자 종교인으로 충실한 삶을 살아왔을 것이라고 생각된다. 하지만 우리 대부분은 한 인간의 본질을 무시한 채 일종의 역할로 바라볼 뿐이다. 그 존재가 어떠한 마음을 품고 있는지는 알 필요는 없다. 역할이란 요컨대 기능적일 뿐이며 각자에게 작동하기만 하면 그만일 것이니.

이 주어진 당연한 호명들 속에서 시인은 생각한다. "네 병보다 내 병이 위중하고/ 내 몸보다 내 마음이 더 위독한데/ 악 소리 한번 안내고/ 날마다 방바닥에서 몸을 일으"켜야만 하는 자신의 숨겨진 마음을. 그렇다면 시인의 첫 시집은 이 숨겨진 나에 대한 자기명명이라고 할 수 있지 않을까. "병명 없는 이 병"의 기묘한 목소리를 발화하기. 자신이란 존재에 대해서 사유하려는 언어의 행로를 시인은 걸으려 한다. "엄마는 독한 년이라고 했다/ 언니를 잡아먹고 살아났다나"(「병」)라고 말하는 우리들의 세계와 다른 방식으로 존재하기. 그 지난하고도 고독한 길에 시인은 서 있으려 한다. 때로는 실패하고 방황하며 길을 찾을 수 없을지라도 시인은 쓴다. "피의 전투장" 속에서 "갈 데까지 가야 직성이 풀"리기만을 원하면서. "나는 제정신이 아니었다"(「피해 의식」)는 나를 스스로 기어이 바라보면서.

2.

그러하기에 이 시집의 언어들은 시인의 약력에서 예측될 수 있는 어떤 전형적인 시 쓰기와는 대체로 무관하다. 따라서 자신의 고유한 방식을 만들려 하고 그로서만 도달해야 하는 근원적인 마음을 향해 쓰고 있는 나를 확인하는 것은 중요할 것이다. 물론 당연하게도 그 길에 확신과 명확성이란 존재할 리가 없다. "엎치락뒤치락 십 년째 가고 있다 백

년을 향해 천 년의 오기로 가고 있다 오기를 수천수만 번 고치며 가고 있다 저 판은 피눈물이었다 이 판은 피투성이일까 이판사판인데 길은 있는 걸까"라고 중얼거리면서 '믿음 가는 책만을 붙잡고 읽어대는 미친년'의 길을 멈추지 않는다는 것. 언어라는 알 수 없는 미궁 속에서도 기어이 "한판 붙어 나뒹굴어야 속이 시원했다"(「연습생」)고 중얼거릴 때까지 독하게 읽어낸다는 것. 그것이 이 시인의 고유한 마음이자 형상이기도 할 것이다. 하면 다음의 시를 보도록 하자.

　　너는 악착같이 요구한다 이를 악문 내 생각은 눈곱만큼도 않는다 지금 뵈는 게 없어 딸이 입시를 치른다고 미친 여자처럼 소리를 지른다 시간을 줘 이번 한 번 기다리면 곱절로 갚을게 너는 시간을 담보로 잡는다 시간만큼 빚이 쌓여간다 너는 장부에 내 말을 적어 넣는다 잊을 만하면 장부를 들이댄다 네 장부 내용이 궁금하지 않다 나도 모르는 빚의 목록들 갚을 능력은 될까 능력이 안 되면 장기라도 팔까 네가 무엇을 요구해도 놀라지 않는다 이미 심장 한쪽을 가져갔잖니 간도 쓸개도 빼버렸다고 나는 무심하게 네 장부를 들춘다 너는 우울을 달고 살았다지 장부를 쥐고도 마음이 불안했다지 장부에 몇 년 몇 월 며칠까지 적어 놓았네 너도 알잖니 수험생과 수험생 엄마는 일심이고 동체라는 것 일심이체가 되면 곱절로 갚을 게 그 말에 빨간 딱지가 붙었다 기록을 기억하라고 다그치지 마! 이렇게 막 나가면 집달관을 보낼 기세네 네 장부 밖으로 걸어 나간 사람이 있니? 네 치

부책에 내 심장이 파랗게 질려버렸다고

─ 「사채업자」 전문

이 시 속에서 우리가 생각하는 아름다운 가족은 없다. 아마도 그것은 시인이 드러내는 날 것의 표현 그대로 '사채업자' 같은 관계일지도 모른다. 혹여 오해가 있을 것 같아 말해두지만 당연하게도 시의 내용을 현실의 삶 속에 있는 시인과 가족 간의 사실적 관계라고 확신할 필요는 없다. 시는 어디까지나 허구와 가상 그리고 상상력의 영역일 뿐이니까. 따라서 우리가 더욱 중요하게 이해해야 하는 것은 시인의 마음 그 자체에 있다.

시의 첫 문장은 다음처럼 시작된다. "너는 악착같이 요구한다 이를 악문 내 생각은 눈곱만큼도 않는다". 말하자면 이는 시인에게 주어진 것이자 기능해야 하는 역할이기도 하다. 나의 고유한 마음 따위에는 관심 없는 세상은 나에게 '시간을 담보로 잡'히게 하고 '잊을만하면 장부를 들이댈' 뿐. 하여 생을 살아가기 위해 진 수많은 빚을 매우기 위해서 우리는 끊임없이 나를 팔아야만 한다. "나도 모르는 빚의 목록들 갚을 능력은 될까 능력이 안 되면 장기라도 팔까 네가 무엇을 요구해도 놀라지 않는" 마음을 먹어야만 하는 채로. 그저 악다구니와 악착같은 "수험생과 수험생 엄마는 일심이고 동체라는 것 일심 이체가 되면 곱절로 갚"겠다는 부도 수표와 같은 말들을 믿으며. 이 '빚독촉'의 끔찍한 형상이란 말하자면 인간 그 자체이자 진절머리 나는 삶의 본질적 양

태이기도 할 것이다.

시인은 그러한 세계에 대해 사유하려 한다. 이 모든 무가치한 행동과 행위들을. 오직 나에게 역할만을 강제하는 세계의 정당하고 당연한 법칙 앞에서. 나에게 끊임없이 '빨간딱지'를 붙이며 빚 갚기를 철저히 요구하는 세계의 올바른 말들 앞에서. 어떤 분노이며 우울의 마음이자 삐딱한 시선으로 자신을 존재하게 한다는 것. 그러니 시인은 이렇게 말할 수밖에. "기록을 기억하라고 다그치지 마! 이렇게 막 나가면 집달관을 보낼 기세네 네 장부 밖으로 걸어 나간 사람이 있니? 네 치부책에 내 심장이 파랗게 질려버렸다고" 시인은 쓰고자 한다. 이 당연하고도 정상적인 세계는 나에게 무언가를 요구할 권리가 없다. 집달관의 도착 여부는 나와 무관할 뿐이다. 네 치부책에 내 이름이 질기도록 새겨져 있겠지만 그것은 나의 진명과 무관해야 한다. 요컨대 이 '파랗게 질린 심장'만이 나 자신의 본질이 될 수 있으리라고.

이와 같은 분노와 독기 혹은 삐뚤빼뚤하고 날카로우며 삐딱한 태도가 시집 속에 깔려 있는 시인의 마음이자 언어들의 이면에 놓여 있는 배음으로 규정될 수 있을 것이다. 이는 몇몇 종교적(인 것처럼 보이는) 시들 속에서도 동일하게 나타나는 형상이기도 하다. '자매님은 말이 거칠다고 하는 지도 신부' 앞에서 "신부님에게 잘 보이고 싶은 때가 있었어요/지금은 아녜요"라고 말하는 '엉망진창으로 끝나는 면담' 앞에서. "종양은 아예 손도 대지 못했다"고 중얼거리며 내 몸의 언어이자 '종양'을 긍정하려는 '거친'(『피정 3』) 독기의 영

역. 그러한 영역에 근접하게 될 때 우리는 시집이 지닌 마음
속 깊은 어떤 곳에 한 발자국 더 다가갈 수 있게 될 것이다.

열흘 피정으로 뭣 좀 알긴 알았다
죽었다 깨나도 나는 나라는 것

사람 말을 곧이곧대로 믿는 게 죄는 아니라지만
복잡하면 숨이 막혔으므로
복잡한 사건과 사태와 사고를 견딜 수 없을 때
피정했다

이렇게 수도원을 제집처럼 들랑거렸는데
오래 있을 곳이 못 됐다
머리 굴리지 않는 곳이라 숨통은 트였지만
분통이 터졌기 때문이다

먹고 입고 잠자기까지 얼마나 수고해야 하나
이런 생각을 하지 않는 곳

카드값과 공과금이 통장에서 빠져나가고 딸 학원비와
남편 용돈을 주고 나면 책 몇 권은 살 수 있으련만 경조사
비가 생기면 어떡하냐고 피정비까지 내야 하는 달은 반찬
수를 줄일 수밖에

저 여자 저럴 거면 수도자로 살았어야지
피정을 이리 해도 통합이 안 되는 사람은 처음이요

여기도 저기도 아닌 사람을 뭐라 부르나
여기와 저기를 뒤섞으며 끝까지 가보기로 했다
                              —「피정 4」 부분

  세계의 관점에서 본다면 시인이란 존재는 그저 이상하고
또라이 같으며 말하자면 "피정을 이리 해도 통합 안 되는 사
람은 처음이에요"란 감탄사 같은 잉여에 불과할지도 모른
다. 종교와 현실이 나에게 부여하는 것이란 말하자면 역할
이기도 하다. 이와 같은 종교의 세계 속에서도 현실의 세계
속에서도 완벽히 머물 수 있는 곳을 찾지 못하는 어떤 마음.
아니 머물 곳을 아예 찾지 않으려는 삐딱한 마음을 세계는
받아들일 리는 만무하다. 그렇다면 남은 길은 무엇인가. 왜
시인은 "여기와 저기를 뒤섞으며 끝까지 가보기로 했다"고
말하게 된 것일까. 풍진 세상과도 같은 현실의 영역도 그리
고 아름답고 순수한 종교의 영역도 아닌. 오직 '뭐라 부를지'
알 수 없는 자신만의 길에 선다는 것은 무엇을 의미할까.
  아마도 한때 시인은 자신이 머물 곳을 종교라고 생각했
을지도 모르겠다. 세계가 우리에게 강제하는 수많은 현실
의 문제들 속에서 "복잡하면 숨이 막혔으므로/ 복잡한 사건
과 사태와 사고를 견딜 수 없을 때/ 피정했다"는 문장은 그
지점을 가리킨다. "카드값과 공과금"과 "학원비와 용돈"이

지배하는 그러니까 먹고살아야만 하는 현실을 거부하고 싶었을 때 시인에게 남은 길은 우선 종교였을 것이다. 그러나 한때 믿었던 가능성. 즉 "수도원을 제집처럼 들랑거렸는데/ 오래 있을 곳이 못 됐다"고 말하게 된 이유는 무엇인가. 그 이유는 아마도 "분통이 터졌기 때문"일 것이다. 현실의 법칙 바깥의 세계이자 '먹고, 입고, 잠자기까지 들여야 하는 수고를 생각하지 않는' 자유일 줄 알았던 종교의 영역 역시도 나에게 역할을 부여할 뿐이니. 그렇기에 "피정을 이리해도 통합 안 되는 사람은 처음"이라고만 판단하는 그 세계 역시 내가 진정으로 머무를 곳은 아닌 셈이다.

그렇다면 남겨진 것은 무엇인가. 그것은 나의 고유하고 기괴한 자유로서만 가능할 무엇이다. 시인은 바로 그것을 알고 있다. 그러니 이렇게 말할 수밖에. "여기도 저기도 아닌 사람은 뭐라 부르나". 이 세계가 잉여로서의 나를 모르며, 따라서 이름을 부여할 필요성을 지니지 못할 때, 나의 고유한 마음이자 분노와 독기를 생성해내고 먹어 치우는 것만이 고유한 나로서의 길이 될 수밖에 없다. "여기와 저기를 뒤섞으며 끝까지 가보기로 했다"는 문장은 그렇기에 잉여로서의 나를 긍정하며 나로서 형성되어질 기묘한 무언가를 가리킨다 할 것이다. 둥글고 순하며 부드러운 말이 아니라 분노와 독기 혹은 삐뚤빼뚤하고 날카로우며 삐딱한 태도로만 성립될 나의 마음을 스스로 긍정하려는 언어를 시인은 기다리며 또한 찾으려 한다.

3.

요컨대 시인은 원한다. "이런 본질적인 감정을 주고받기엔 끝장을 확인하는 화장실이 제격"(「화장실」)인 것처럼 질척거리고 진득하기에 고유할 수 있는 어떤 언어를. 세계가 나에게 부여한 고통인 것. "갈고리 말을 꽂아대던 엄마/ 그때 네년이 죽고 영자가 살았어야 해"라는 말들을 온몸으로 받아내며 싸워야 한다는 것. "나는 발바닥에서 정수리까지 열 꽃을 피웠다/ 가슴팍엔 화살촉 흉터가 남아 있다"는 것을 내 스스로의 눈으로 똑똑히 보아야만 한다는 것. 그러한 세계에 대해 '히히 웃는'(「직설 연구」) 웃음으로 비껴 나가기. 그 누구도 눈치채기를 바라지 않는 그러한 기묘한 마음의 영역 안에서만 시인은 자신의 언어를 생성하고 성립시키며 또한 나아갈 수 있다. "제 피를 마시는 길은 목마르지 않을 것"(「낙타가시풀」)임을 그저 믿으면서. 이름 없는 잉여이자 그 어떤 곳에서도 머물 곳을 찾지 않으려는 특수한 마음으로서.

제 말이 재미있는지 웃으시네요 제가 수도회 들어와서 몇 년간 말더듬이었어요 강론 강의가 업이 될 사람인데 수도 생활을 그만둬야 하나 심각했어요 더듬지 말아야지 생각하면 더 더듬었어요 한번은 식당에서 밥을 먹는데 심리 공부한 신부가 앞에 앉았어요 제가 말을 더 더듬어서 크크 큰일이에요 그 신부가 쓱 쳐다보고는 이렇게 말했어요 그냥 더듬으세요 자기 일이 아니라고 대충 말하나 싶어 속상

했어요 가만 생각하니 '있는 그대로' 받아들이라는 거였어
요 이후 사람들 앞에서 더듬더듬 말했어요 그랬더니 덜 더
듬다가 지금처럼 된 거예요

　　예수회 신부들은 자기 분야가 있어요 어떤 분은 피정 지
도를 어떤 분은 서강대에서 강의해요 전 이리 가라 하면 이
리 가고 저리 가라 하면 저리 가요 한번은 기도 중에 다른
신부들은 이냐시오 영성을 살고 난 땜빵 영성을 산다는 걸
알았어요 문제는 이게 싫지 않다는 거예요 다른 신부가 뭘
부탁하면 열심히 해요 그럼 부탁한 신부도 만족해하고 나
도 기분이 좋아요 지금은 화곡동 신학원에 있어요 원래 여
기 명칭이 예수회 철학원이었어요 수사들이 수련기를 마치
고 철학 공부하는 곳이에요 사람들이 이 철학을 그 철학으
로 알고 점 보겠다고 벨을 눌렀어요(피정자들이 책상 치며 웃
어댐) 그래서 신학원으로 이름을 바꿨어요 하하 **수녀도 아
니면서 왜 매년 피정 오세요 안정호 신부가 대뜸 물었다
남편과 딸 땜빵이 만만치 않아요 신부가 피식 웃기에 지
나가듯 말했다 저도 이게 싫지 않아요**

– 「피정 7」 부분

　　아마도 「피정 7」는 독자들에게 시인이 경험했던 신부님의
강연을 듣는 일상적이고 평범한 나를 묘사하는 것처럼 이해
될지도 모르겠다. (내용도 유쾌하다.) 그러나 우리는 이 시를
실제 현실에서 있었던 사실적 장면으로만 생각할 필요가 없
다. 여기에는 나에게 역할을 부여하는 종교가 아닌 의미와

가치로서의 종교적 인간의 형상이 있기 때문에. 그 인간의 형상은 아마도 이름 없는 잉여이자 시인 자신의 존재론적 이유와도 맞닿아 있을 것이다. 원문을 전부 인용하진 않았지만 위 시 속에서 신부는 말한다. 자기 자신은 종교에 그닥 맞지 않는 사람이었다고. 그리고 자신의 힘든 상황 속에서 자신을 외면하고 무시하는 누군가를 미워했다고.

우리가 인간으로서 당연히 가지는 평범한 감정들에서 허우적거리지 않기. 어떤 순간이 지나고서 이 신부는 깨달았던 것 같다. '있는 그대로 받아들이라는 것'을 말이다. 아마도 그 말의 진정한 의미가 시인에게 인상적이었으리라. 시 속의 신부님은 말한다. 자신은 "땜빵 영성 산다는 것을 알았어요." 정통적 형식과 종교적 가치라는 거창하고 화려한 말들이 아닌 자기 자신만의 고유한 방법을 찾아간다는 것. 세계가 부여한 역할과 어긋남으로서 존재하기. 내가 아닌 저들만의 판단과 인식에 의지하지 않기. 오직 잉여이자 자신만의 '땜빵 영성'으로서만 오롯이 나의 존재가 성립될 수 있다는 것.

아마도 시인의 마음은 그 순간 신부님의 미소이자 '저도 이게 싫지 않아요'라는 마음과 깊게 공명했던 것이 아닐까. 그렇다면 시인 역시도 화려하고 멋진 시가 아니라 자신만 고유한 '땜빵 언어'를 찾으려 하는 자라고 규정 가능해진다. 단지 그것만이 나의 기묘하고도 독자적인 자신의 말이 될 수 있다는 것을 시인은 알며 행해야 할 뿐이다. "손끝에서 일어나 손끝에서 마무리되는/ 공사 현장을"(「공사」)지켜보면서. 그저 꿋꿋하게 자신만의 길을 만들어야만 한다는 것을.

　토요일마다 서울에 올라갔다 합정역 인근에서 오 년째
시를 공부하고 있었다 좁고 후텁지근한 강의실은 콩나물시
루 같았다 선생 눈에는 콩나물 자라는 게 보이나? 고만고
만한 콩나물에 쉬지 않고 침을 부어주었다

　시 수업이 끝나고 치킨집으로 자리를 옮겼다 제 시 좀 자
랐나요? 선생이 닭 뼈 하나 정도 엄지와 검지를 벌렸다 선
생이 허기진 배를 채우려고 닭 다리를 물었다 내가 또 물고
늘어졌다 '시골 창녀'만큼 쓰고 싶어요 선생이 뼈 있는 말을
했다 그 시인하곤 기질이 달라요 시 끄트머리나 잘 쓰세요
벌건 양념치킨을 이빨로 물어뜯었다

　교회 어머니가 되려면 제대 촛불을 꺼트리지 마세요
　뼛속까지 시인이 되려면 시 끄트머리를 잘 쓰세요
　　　　　　　　　　　　　　　　　　　－「지금」 부분

　시인은 알고 있다. 고유하지 못한 자신의 시가 '콩나물'같
은 약한 것일 수 있다는 것을. 오래 시를 공부해왔지만 고
유하지 못하다면 나의 시는 너무나 미약한 '콩나물'처럼 보
일 것이라는 것을. 하여 시인은 유쾌하게 다음처럼 말한다.
"선생 눈에는 콩나물 자라는 게 보이나? 고만고만한 콩나물
에 쉬지 않고 침을 부어주었다"고. 그러니 문제는 그저 '쓴

다'라는 행위를 단순히 반복하는 것은 시의 언어를 형성하는 행위가 될 수 없다는 점에 있다. 나의 고유한 언어를 찾아 나아가야만 한다는 것. 그러나 아직 이를 잘 알지 못했을 때 시인은 '자신과는 다른 기질'을 가진 유명 시인의 시를 떠올리며 비슷하게 되고 싶다고 말했던 것 같다. 그러나 그 것은 고유한가. 그렇지 않다. 그리고 고유하지 못하다는 것은 결국 세계가 나에게 부여한 역할로부터 벗어나지 못하고 있다는 것이기도 하다.

하여 내 시가 그럴듯한 시처럼 보이는지 묻는 나에게 스승은 "뼈 있는 말을" 던지며 이렇게 말한다. '시 끄트머리나 잘 쓰세요'라고. 메인과 중심이 아닌 것. 김이듬 시인은 김이듬 시인이며 나는 나일 뿐이라는 것. 모름지기 시인이라면 세계가 부여한 역할에서 오히려 벗어나서 자유로울 수 있어야 한다는 것. 그것이 결국 '뼛속까지 시인이 되는 바른 길'이며 그러기 위해서는 시의 중심이 아닌 '끄트머리를 붙잡아야 한다'. 아마도 그 말의 내면을 이해한 순간으로부터 시인은 자신의 기묘하고도 고유한 길을 찾는 것의 가치를 이해했을 것이다. 부드럽고 둥글고 순한 그리하여 당연한 말이 아닌 분노와 독기 혹은 삐뚤빼뚤하고 날카로우며 삐딱한 태도로만 성립될 어떤 고유한 언어를 말이다. 그렇다면 시인이 도달한 '끄트머리'이자 자신만의 언어이자 시란 결과적으로 어떠한 형상을 취하고 있을까. 그에 대해서는 아마도 다음의 시가 답해줄 수 있을 것 같다.

그녀는 불을 손에 쥔 사람이지 불길이 타오르는 걸 조용히 살피지 아궁이 깊숙이 나뭇가지를 집어넣지 주황빛이었다가 노란빛이었다가 흰빛으로 변해가는 불꽃의 눈

나뭇가지 타는 광경은 그녀를 닮았지 독기 품은 여자처럼 불꽃이 튀었지 사람들은 얼굴을 손으로 가리며 물러났지 늑골 아래 눌러놓은 불이 치밀어 올랐지 애먼 사람 잡을 것처럼 일렁였지

그녀는 불에 덴 사람이지 불현듯 가야산 꼭대기에 불길이 일었지 마을 사람들은 보따리를 싸며 뜬눈으로 밤을 새웠지 그때 언니 바짓가랑이를 붙들고 불구경하던 계집애 눈빛이 수줍은 듯 이글거리며 산 하나를 통째로 태웠지 그러고도 남은 제 속의 불은 눈꺼풀로 덮었지

산불이 꺼지고 소녀는 시름시름 앓기 시작했다
용하다는 읍내 한의사가 다녀가도 원인 모를 병은 낫지 않았다
아침마다 신작로 저편에서 친구들이 소녀의 이름을 불렀다
보름이 지나서 학교에 갔다

불덩이가 불구덩이로 뛰어든 걸까

그녀는 부지깽이 사라지듯 자취를 감추었지 가끔 바람
에 날아온 화산재가 그녀 소식이었지 골방에서 구부린 채
불의 이력을 적는다지 불에 덴 알몸을 식히느라 진흙탕 길
을 걸어간다지 숨어있는 불씨는 부지깽이로 들썩여 불꽃
을 살린다지

                                   – 「불의 이력」 전문

「불의 이력」에 접근해볼 때 중요한 부분은 아마도 시인의
기묘하고도 고유한 언어의 형상이자 '불꽃'과도 같은 마음이
과연 무엇인가를 면밀히 살펴보아야 한다는 점에 있을 것이
다. 이 시속에서 시인은 어떤 또 다른 자신을 상상하고 내
가 아닌 나를 만들어내고 있다. 다시 강조하지만 시속에 등
장하는 불 지르는 자의 사실성 여부는 전혀 중요하지 않다.
하여 다음처럼 시인은 말한다. '그녀는 불을 손에 쥔 사람이
자 불길이 타오르는 걸 조용히 살피는 자'라고 말이다. 단
한 번도 우리가 유심히 보지 않았으며 그저 빨간색이라고만
여겨왔던 불의 이면이자 이력을. '주황빛이었다 노랑빛이
었다 흰빛으로 변해가는 불꽃의 눈'을 시인은 신성한 마음
으로 바라본다. 그 불꽃을 나와 일치시키기를 욕망하면서.
시인이 바라보는 불꽃의 일렁임은 나에게 부여한 세계의
역할을 불태워버리는 힘을 지니고 있는 것이기도 하다. 하
여 시인은 '나뭇가지 타는 광경과 닮은 독기 품은 여자'이자
나 자신의 형상을 바라본다. 역할을 강제하는 세계는 그녀
를 이해하지 못하며 거부할 뿐이겠지만. 그러나 그러한 세

계와 무관하게 오롯이 존재할 수 있게 된다는 것. 시인이 진정한 자신으로서 인식하는 바로 그것. 그렇기에 시인은 제몸의 언어를 비로소 느낄 수 있게 된다. "늑골 아래 눌러놓은 불이 치밀어" 오르는 감각을. "불에 덴 사람"이자 무의미한 세계 속에서 '불길을 일으키'려는 마음을.

산불을 지르며 세계를 태워버리는 자. 그 존재와 나를 일치시키며 얻게 될 수 있는 어떤 힘. 세계가 나에게 부여한 역할을 파괴하고 나를 나로서 비로소 존재케 할 수 있는 신성한 잉여. 아마도 그것은 '언니 치맛자락 붙들고 불구경하던 계집애'였던 내가 진정으로 원했으며 그리하여 나를 변화시키고 변용시킬 힘이기도 할 것이다. 세계의 역할을 파괴하는 불길은 불 지른 자에게서 나에게로 이어지며 존속되게 된다면. 세계가 이해할 수 없는 '원인 모를 병은 낫지 않았'으며 나을 이유 자체가 없다면. 그렇다면 자리를 털고 일어나 여전히 역할을 수행하는 나는 그러나 과거의 나와는 다를 것이다. 왜냐하면 불 지른 자로부터 자신에게 이어진 '숨은 불씨이자 불꽃'을 자신의 내면에 간직하고 있기 때문이다.

내면의 '불꽃'을 끊임없이 기억하며 품으려 하는 인간. 그 불꽃을 일으켜 세계의 역할을 말 그대로 파괴해버리고 자기 자신으로서 존재하기를 진정으로 욕망하는 자. 하여 시인은 이렇게 말한다. "불덩이가 불구덩이로 뛰어든" 거라고. 불 지른 자로부터 자신에게로 그리고 이 시를 읽게 될 독자들에게 이어질 "숨은 불씨"의 진정한 형상이 여기에 있다.

그 내면의 불꽃과 같은 언어를 품을 수 있는 자만이 시인이 될 수 있다. 보이지 않고 말해지지 않으며 눈앞에서 사라져 버렸다고 해도 그것은 있다. 그렇다면 시인은 단지 볼 뿐이다. '골방에 구부린 채 불의 이력을 적으며 숨은 불씨를 부지깽이로 들썩이는' 자기 자신을. 남겨진 잉여와도 같은 희미한 불꽃의 존재를. 역할에 의해서 결코 사라질 수 없는 기묘하고도 고유한 마음을. 부드럽고 둥글며 순하지 않는. 역할이라는 세계가 부여한 모든 것을 불태울 강한 힘이자 말들의 형상을.

4.

이 세계는 우리에게 끊임없이 역할만을 강요하며 그저 당연하게 존재할 것이다. 그러니 서두의 질문을 다시 되짚어 보자. 왜 우리는 시를 써야 하는가. 시란 무엇이며 왜 있어야만 하는가. 이 세상의 모든 시인은 자신만의 대답을 가지고 있으며 그것을 형상화해야만 한다면. 등단이란 제도와 시인이라는 명성은 별다른 의미 없이 헛된 것일 뿐이다. 내가 시인일 수 있는 것은 그 누군가의 허가를 요하는 일이 아니다. 그러니 시인은 스스로 자기의 언어를 쓰며 그저 행로를 걷는 자이다. 진정한 존재에 이르는 길을.

다시 낙타가 길을 걸어간다
제 등에 감당할 만한 혹 두 개를 짊어졌다

'지금 여기'에서 한 걸음 나아간다

가도 가도 만나지 않는 지평선
눈감아야 그곳에 이를 수 있다지만
제 피를 마시는 길은 목마르지 않을 것이다
- 「낙타가시풀」 부분

　제 피를 마시는 길이란 어떠한 처절함으로 이루어져 있을
까. 시를 쓰려는 잉여의 마음이자 역활을 파괴하며 자신의
고유한 존재를 형성하기. 니체가 말했던 낙타와 사자 그리
고 어린아이라는 정신의 변용들을 끊임없이 체험할 때 비로
소 시인은 시인일 수 있을 뿐. 정답이 없는 자신만의 고유한
언어의 세계를 형성하기 위해서 그저 걸어간다는 것. 시인
은 알고 있다. 그 끝에 도달하기 위해서는 역할이 부여된 지
금의 내가 '눈감아야만 그곳에 이를 수 있다'는 것을. 그렇기
에 시인은 마시고 또 마시는 행위를 멈추지 않으려 한다. 자
신의 육체와 피로 이루어진 언어를 향해서. "제 피를 마시는
길은 목마르지 않을 것"을 그저 믿으면서. "가도 가도 만나
지 않는 지평선"이란 끝나지 않는 여정 속에 존재해야 할 고
유한 자로서. 독기 어린 나이자 불꽃의 존재를 기다리면서.